希望の白樺

池田名誉会長のスピーチと白樺のあゆみ

女子部白樺グループ・婦人部白樺会 編

もくじ

Shirakaba Group 37th Anniversary
Shirakaba Kai 20th

◆ **白樺の心** ── 共戦のあゆみ ──

- 白樺の魂 ……………… 4
- 発刊によせて ……………… 6
- 池田名誉会長の写真紀行 **光は詩う** ……………… 8
- 白樺原点の地 **大沼** 函館研修道場 ……………… 10
- 女子部白樺グループ座談会 未来に向かって ……………… 12

Photo History

先生と共に

- 白樺の碑 起工式 ……………… 17
- 懇談 ……………… 18
- 障魔の嵐の中で ……………… 20
- 使命尊き白樺の友 ……………… 21
- 日米交歓の集い in Malibu ……………… 22
- 白樺会結成 ……………… 24
- 健康対談 ……………… 26
- スピーチ **白樺の友へ** ……………… 29

希望の白樺

CONTENTS

〔凡例〕一、本書は、池田名誉会長の著作「池田大作全集」および聖教新聞に掲載された池田名誉会長の小説・随筆・長編詩・スピーチ等の中から、白樺グループ・白樺会に関する指針を抜粋し、収録したものです。記述の年月日について、各種会合は開催日、「随筆 新・人間革命」は掲載日を記しました。
一、本文中、「新編 日蓮大聖人御書全集（創価学会版）」の引用については、（御書〇〇ページ）と表記しました。
一、仏教用語の読み方については「仏教哲学大辞典」（第三版）を参考にしました。

池田名誉会長　御揮毫

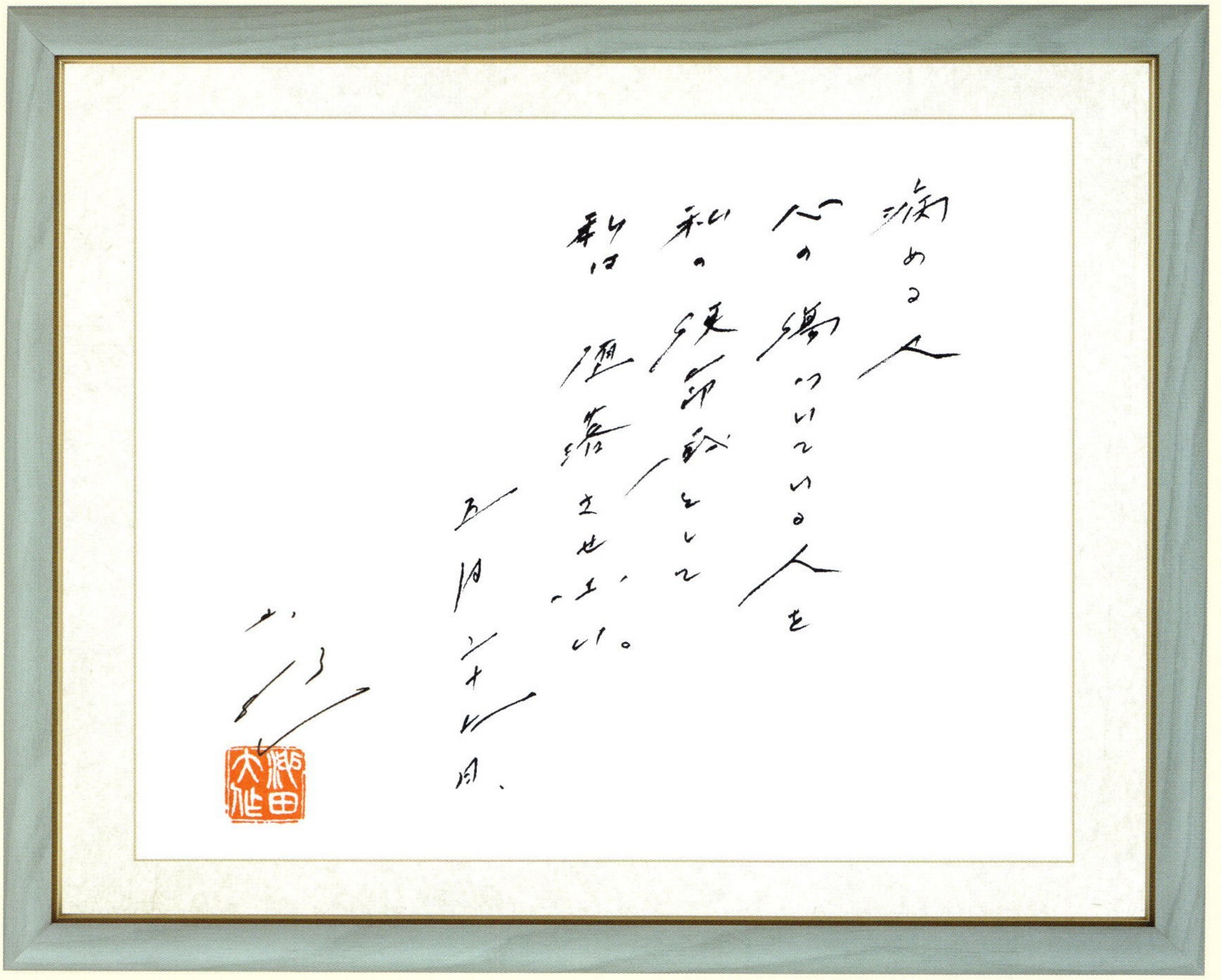

病める人　心の傷ついている人を
私の　使命感として　私は　堕落させない。　五月二十七日

（1971.5.27）

発刊によせて

女子部白樺グループ
婦人部白樺会

本年、女子部白樺グループは結成37周年、婦人部白樺会は結成20周年の佳節を刻むこととなりました。

結成以来、今日までの軌跡は、池田大作先生が私たち白樺を見守り、育《はぐく》んでくださった歴史そのものです。

池田先生は、看護の仕事がまだ社会的に低い評価しか受けていない時から、私たちに対し、「生命を守る尊い方々」と励まし続けてくださいました。

一瞬の油断も許されない生死の現場にあって、心身ともに疲れ果て、自信を失いかけた時、慈愛あふれる池田先生の指導が、どれほど勇気と希望の光となり、すべてを乗り越える自信を与えてくださったことでしょうか。

どのような逆境にも負けない、あきらめない心を教えていただき、感謝の思いは尽きません。

こうした師弟共戦の尊い歴史と精神を後世に残したいとの強き思いから、このたび、白樺グループ・白樺会の合同編集による『希望の白樺』を発刊することになりました。

これまで池田先生からいただいた数々の激励や指導を通し、後継の白樺の友が、師匠の心を学び、慈愛の看護の心を未来へと継承していかれるように——また、師匠とのかけがえのない出会いの一コマ一コマを歴史にとどめたい——との願いを込め、本書では、感動の記録を貴重な写真の数々で綴《つづ》っております。

「生命軽視」という時代の病《やまい》に侵《おか》された社会にあって、「生命こそ宝」と師子吼《く》する仏法の大哲理を持ち、「生命」を慈《いつく》しみ、敬《うやま》う心こそ、私たち白樺の精神です。

今日もまた、生と死という荘厳な生命の営《いとな》みを眼前にして、少しでも希望と安心を与える〝菩薩《ぼさつ》〟の実践者でありたいと願うものです。

末尾に、本書の発刊にあたってご尽力いただきました皆さま方に心より感謝申し上げます。

（２００６年10月）

白樺の心

共戦のあゆみ

池田名誉会長の写真紀行

光は詩《うた》う

白樺《しらかば》は優《やさ》しい。

白樺の林に入ると、木の間の風が清々しくて、大きな深呼吸をしたくなった。

慈愛の女性のような優美な姿。

ヨーロッパでは、白樺は「森のレディー」とか「森の佳人《かじん》」と呼ばれてきた。


白樺よ白樺よ、優しき白樺よ。

安心できる――看護でも、教育でも、宗教でも、これが前提になる。

その人に会うと、安心して息ができる、息を詰めなくていい、ホッとできる。

そんな人が、ひとりでもいれば――苦しくても、生きていける。


白樺は優しい。

白絹のような光沢の樹皮。細い枝。葉は、そよ風にも優雅に揺れる。

何もかも繊細《せんさい》で、瀟洒《しょうしゃ》だ。

しかし、もろいのではない。薄い樹皮の下で、木の質は、むしろ堅く、丈夫なのだ。

しかも白樺は、痩《や》せた土地でも生長する。

山火事や、地震、火山の噴火などの後でも、荒らされた大地に最初に姿を見せるのは白樺である。

まるで、「一番苦しんでいる人のもとへ」と真っ先に駆けつける女性のように。

「大変でしょう？　でも、きっと意味があると思うんです。そして、きっと、『いつか、こんなことがあったよ』と笑い話にできる日が来ると思うんです」と。

「苦しまない人に、何がわかりますか？　本当の優しさも、強さも、わかりません。お金や世間体なんて役に立たないんだってことも、わかりません。だから苦しみは、私たちを人生の深さ

北海道・別海（池田名誉会長　撮影）

に目覚めさせてくれる贈り物なんです。あなたを飾る勲章《くんしょう》になるんです」と。

白樺よ白樺よ、優しき白樺よ。


だれもが思う。時代よ、変われ。

だれもが思う。もう評論は、たくさんだ！

いつも変わらぬ無責任な議論、議論、議論、議論。

したり顔した評論家が、世の中を変えるのではない。名もなき乙女《おとめ》の、ひたむきな声が、行動が、歴史の歯車を動かすのだ。

母の祈りが、母の励《はげ》ましが、権威ぶった無数の虚論《きょろん》に勝《まさ》るのだ。

「さ、元気を出そうね！」

「わたしがついているから！」

「いっしょに祈るから！」

白樺の心よ、広がれ、広がれ。

日本中、世界中を、美しき「人間の大地」にするために。


（池田名誉会長の写真紀行　第27回「人間の大地・北海道」より抜粋）

白樺原点の地

大沼

函館研修道場

函館研修道場と白樺

北の大地・北海道の大自然の中にたたずむ函館研修道場。そこは雄大なる駒ケ岳を望み、眼前には満々たる大沼が広がる心の故郷。この地を池田先生は最も白樺にふさわしい地として選んでくださった。

先生と散歩したこの道、記念撮影したこの庭。先生が語らいの場を持ってくださった樹木の木陰。師弟の思いがあふれるこの大地は、白樺の原点の地である。

雄大な大沼と駒ケ岳を望む（池田名誉会長　撮影）

函館研修道場にて

美《うつく》しき　天使《てんし》の白樺《しらかば》　皆様は
生命《いのち》育《はぐく》み　慈愛《じあい》の博士《はかせ》か

耐《た》え抜《ぬ》きて　勝《か》ちゆく若《わか》き　白樺は
三世《さんぜ》の幸福　確《たし》かと楽《たの》しめ

今日《きょう》もまた　いかなる嵐《あらし》が　吹《ふ》こうとも
慈愛の天使は　朗《ほが》らか博士と

女子部白樺グループ座談会

未来に向かって

青春の「使命の道」を朗らかに

信心根本に自身を磨きながら、職場で、地域で、使命の道・幸福の道をまっすぐに前進している女子部白樺グループ。ここでは、結成37周年を迎えた感謝と喜び、そして白樺の使命と希望あふれる未来への展望を語り合いました。

林　池田先生は、「21世紀は断じて『健康の世紀』とし、『平和の世紀』としていかねばならない。そのためには、何よりも『白樺の心』光り輝く『生命尊厳の世紀』であらねばならない」とご指導してくださいました。

私たち白樺グループが、師匠のご構想実現の一端を担わせていただいていることに、大きな喜びと身の引き締まる思いでいっぱいです。

今日は未来に向かって大いに語り合いましょう。

看護師を志したきっかけは…

――皆さんはどのようなきっかけで看護の道を志《こころざ》したのでしょうか。

金子　私が看護師をめざしたのは、高校時代です。

当時、私は陸上部のマネジャーをしていたのですが、ある日、全国大会で活躍する選手が、複雑骨折をしてしまったのです。

選手生命を絶たれ、精神的にどん底の状態に陥った友人を、皆で励まし続けたところ、やがて〝足がダメでも他の可能性がある〟との希望を持ち、立ち上がることができたのです。

その友人の姿を見て〝人間にはどんな逆境をも乗り越えられるすごい力が

出席者

林　新子さん
白樺グループ全国委員長

金子　尚絵さん
白樺グループ全国副委員長

青柳　文子さん
白樺グループ全国副委員長

あるのだ〟と実感し、次第に〝困難にぶつかっている人のそばで一緒に生命の力を引き出していく仕事がしたい〟と思うようになりました。
また、母が看護師をしていた影響もあり、看護の道を選びました。

青柳　私は高校3年生の時の祖母の死がきっかけでした。

亡くなった祖母の顔は頬《ほお》も唇《くちびる》もきれいなピンク色で、仏典に説く半眼半口《はんがんはんく》の成仏《じょうぶつ》の相そのものでした。さらに一晩、家族で題目をあげると、前日より笑顔で肌がピンク色に輝き、まるで「先に行ってるからね」と語りかけているようでした。その姿はあまりにも荘厳《そうごん》で、感動のあまり涙が止まらなくなりました。

こうした祖母の姿を通し、〝亡くなった人にも届く題目を、苦しみ悩む多くの人々に届けたい〟と思いました。ちょうどこのころ、池田先生のナイチンゲールを通してのご指導に触発され、看護師を志しました。


林　私は初代白樺グループ長を務めた母を9歳の時に悪性黒色腫《しゅ》で亡くしました。

母の闘病中、池田先生は、創価小学校に通っていた私に「負けちゃいけないよ。家にお母さんがいなくてもがんばるんだよ」と激励してくださいました。

その4カ月後に母は亡くなりました。翌日、学園で池田先生と再会した際、「負けちゃいけない。師子の子だから。泣いちゃいけないよ」と、私のすべてを包み込むように励まし続けてくださいました。

幼心《おさなごころ》にも、その温かい真心に感動し、池田先生にお応《こた》えしていこうと心に誓いました。

その後、母の「師弟に生き抜いた人生」を「白樺」の先輩方からも教えていただき、私も〝母と同じ看護師になろう〟と決意しました。

喜びの看護体験

――実際に看護師になってからはさまざまな看護体験をしたことと思いますが……。


金子　私は新人のころ、毎日がつらく、責任の重さに押しつぶされそうになったり、失敗の連続で自信を失ったりして、逃げたい気持ちでいっぱいでした。そんななかで転機になったのは、4年目の出来事でした。

受け持ちの患者さんが突然、心肺《しんぱい》停止状態になったのです。すぐに蘇生術を開始しましたが、反応はなく、スタッフの間にあきらめの空気が流れるのを感じました。

その時、私の脳裏に患者さんの家族の顔が浮かびました。

「このまま死なせるわけにはいかない。妙法の看護師として私がここにいる以上、絶対にあきらめない」と、胸

中で題目をあげ、蘇生術を続けました。

スタッフにも、「あきらめないでください。家族の方も駆けつけられていますから」と、協力をお願いしました。

そのことで、その場の空気が変わり、蘇生術開始から約一時間後、患者さんの心臓がなんと、動き始めたのです！

思わず患者さんの手を握ると、その手は温かく、必死に生きようとしている思いが伝わってきました。

駆けつけたご家族にも、「耳は聞こえています。手もこんなに温かいです。皆さんを待っていたんです。だからたくさん声をかけてあげてください。全部届いていますから」と言うと、ご主人と娘さんは手を握り、涙を流しながら、「お母さん……」と言葉をかけていました。しかし、息子さんは現実が受け止められず、病室を飛び出して行きました。私は帰宅してからも祈らずにはいられませんでした。

その晩、患者さんが亡くなったとの連絡を受け、病棟に駆けつけると、娘さんが、「お母さんは最期まですごくがんばったんだよ。弟も戻ってきてくれて。話しかけたら、お母さん、涙を流してくれた。お母さんは私たちのこと、わかってくれたんだよね」と目を潤《うる》ませていました。

〝何としても救う〟との絶対にあきらめない一念が、どんな絶望も打ち破り、亡くなってもなお、残された人々に希望をおくることができるとの生命のすばらしさを実感し、「白樺」の使命を確信しました。

青柳　私にも、忘れられない看護体験があります。

慢性呼吸不全で入院している80歳の踊りの先生がいました。寝返りも打てない、身内もいない、殺風景な天井を見ているしかない毎日で、どんなに苦しかったか……。

ある日、容体《ようだい》が急変し、「苦しい、痛い、死にたい」の3つの言葉しか話さなくなりました。

私は、「病《や》める人　心の傷ついている人を　私の使命感として私は堕落させない」との池田先生の指針を思い出し、「このまま絶対に死なせない。人生最高の最終章にするんだ」と心に決め、「私が祈っていますから、大丈夫ですよ」と声をかけ、耳元で題目を唱えました。するとゆっくりと「南無妙法蓮華経」と声を合わせてくれたのです。その人は、それからも一人でお題目を唱えていました。一週間程たつと、「嬉《うれ》しい、嬉しい。楽しい、楽しい」との言葉が聞かれ、それ以降、苦しみの言葉はなくなりました。

ある日、「お寿司《すし》が食べたい」と、特上マグロを口にしました。一口、味わうと、「おいしい」と涙を流しました。そして翌朝、静かに息を引き取ったのです。その最期はとても静かで、穏《おだ》やかな表情でした。

私はこの体験を通し、題目は生命の

未来に向かって

青春の「使命の道」を朗らかに　女子部白樺グループ座談会

奥底に必ず届いていくことを実感しました。

金子　私たちは仏法を通して、〝生命には無限の可能性がある〟ということを学んでいます。だからこそ生命の可能性を信じ、祈り抜き、看護することができるのです。そのあきらめない心が患者さんやご家族に通じ、生命の可能性を引き出し、希望の方向へ導いていくことができるのですね。

――そうした看護体験をつかむことで、看護の喜びを実感するとともに、「白樺」の使命を深く感じていくことができるのですね。

今いる場所で光り輝く

林　私自身もかつては、祈って勝ち取った念願の看護師としての職場にもかかわらず、現実は苦しい日々の連続で、悩んだことがありました。

しかし、苦しい時こそ池田先生との誓いを思い出し、〝職場でなくてはならない存在になろう〟と必死に祈りました。だれよりも努力し、イヤな仕事も進んでやる中で、状況を一変させる出来事がありました。

ある日、駅で倒れている男性を発見し、周囲の皆が立ち尽くしている中に飛び込みました。

〝絶対に助けてみせる〟と、確信の題目をあげながら、心臓マッサージを行ったところ、呼吸が戻り、無事に病院へ搬送《はんそう》され、一命をとりとめることができたのです。

このことによって消防庁より感謝状をいただき、病院長をはじめ、皆が心から喜んでくれ、「病院の誇りである」とまで言っていただきました。

〝病院のためにも、今いる場所で実証を示そう〟との祈りを、思いがけない形でかなえることができました。〝腹を決めて祈り戦えば、必ず開かれる〟という信心の確信をつかむことができました。

このことを契機に、気がつくと、殺《さつ》伐《ばつ》とした環境の中で、希望が見いだせず疲《つか》れ果てていたスタッフが、〝目の前の患者さん一人一人に心を尽くし、誠実に看護していこう〟との姿勢に変わっていったのです。

未来に向かって

青春の「使命の道」を朗らかに　女子部白樺グループ座談会

青柳　一人が立ち上がれば、人々の心を変え、環境をも変え、一切を良い方向に変えていくことができる。だからこそ池田先生は、「今いる場所で芯《しん》強き一人になっていくことだ」と教えてくださっているのですね。

生命を守る「白樺」の心

林　私は新人のころ、白樺グループの先輩に「朝勝ち30分の唱題に挑戦していくこと」と、「いつ、どんな時も、今いる病棟の隅々までお題目を染《し》み込ませていく思いで、絶対無事故と患者さんの安全・回復を祈っていこう」とのアドバイスをいただきました。

　先輩の言葉通りに挑戦していくなか、〝患者さんのもとへ向かう一歩一歩が、病《や》み苦しんでいる方の希望になっていく。この一歩が必ず「白樺」の心を広げていくのだ！〟と実感しました。

　そう思うと、どんなに疲《つか》れていても勇気がわき、看護の仕事が心からの喜びになりました。

金子　患者さんは、苦しみを怒《いか》りでぶつけてくることもあります。私は頭ではわかっていても、怖《こわ》くなったり、受け止めきれなくて避《さ》けてしまう自分に気づいたことがあります。そんな時こそ御本尊に祈りながら、現状を切り開いてくることができました。今も、患者さんと向き合う毎日が自分への挑戦の日々です。

青柳　私も、〝病気で苦しんだことのない自分が、患者さんをどう励ましていけばいいのか〟と思うことがあります。

　しかし、池田先生は、どんな状況でも希望の道があることを教えてくださいました。〝絶対に希望の道があるはずだ。まず、目の前の人を救おう〟との思いで題目をあげていくと、勇気がわき、患者さんのところへ確信を持って向かうことができます。

林　生命軽視の風潮が蔓延《まんえん》する現代にあって、生命尊厳の心を広げてゆくことこそ私たち「白樺」の使命だと思います。

　それとともに、生命の守り手として、尊い生命を破壊するすべての悪と断固戦うことも、私たち「白樺」のさらなる使命であることを忘れてはなりません。

　師匠である池田先生と共に戦える喜びを胸に、今いる場所で使命を果たしぬいてまいりましょう！

先生と共に

白樺の碑　碑文

生命の虹《にじ》の世紀を創《つく》りゆく
深き使命の貴女《あなた》たち
看護という尊き仕事に身を捧《ささ》げ
人間ルネッサンスの朝を開かんと

病《や》める人　苦悩の人を
優しくも強き祈りで包みゆく
地涌《じゆ》の貴女の微笑《ほほえ》みは
民衆の希望と勇気の源泉なり

至宝たる生命を護《まも》る王女らに
福徳の大華よ薫《かお》れと念じつつ
結成二十五周年を記念して
ここに白樺の碑を建立《こんりゅう》す

平成六年六月六日

池田大作

白樺の碑 起工式

昭和53年6月23日

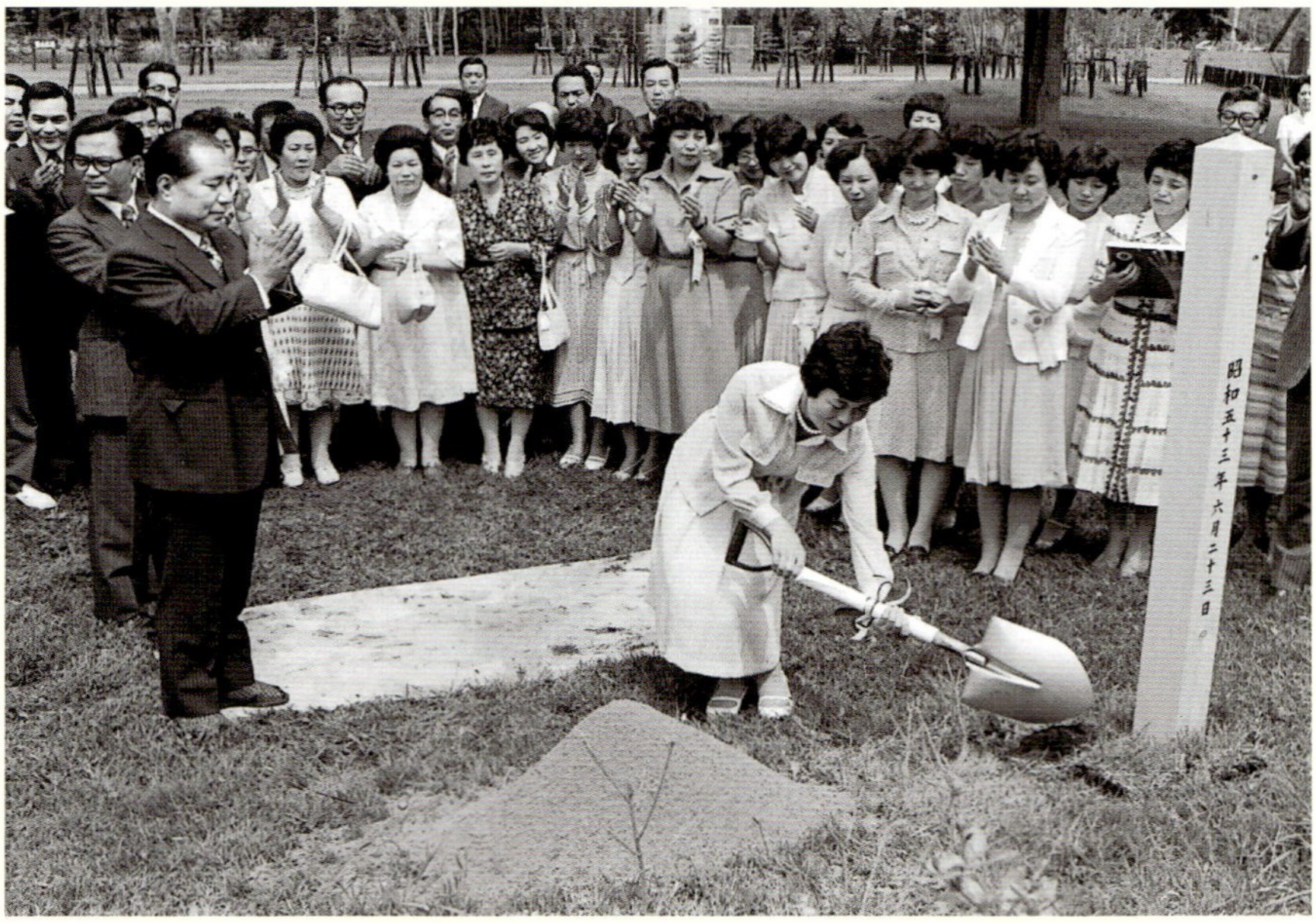

代表がクワ入れを行った（函館研修道場　1978.6.23）

北海道大沼――それは白樺の生命の故郷。大沼国定公園・雄大な駒ケ岳の裾野《すその》の一角に白樺の碑は凛《りん》として立っています。

昭和53年6月23日。快晴の空の下、函館研修道場で、池田先生ご出席のもと、念願の「白樺の碑」の起工式が行われました。

白樺の代表6人は、喜びに胸を躍らせ、朝7時の飛行機に飛び乗りました。「ついに待ちに待った時が来た！　池田先生、本当にありがとうございます！」感謝と感動でいっぱいでした。

北海道の各地での激励行を終え、碑の起工式のために函館研修道場を訪問された池田先生は、メンバーが到着すると大きく包み込むように迎えてくださり、鮮烈な出会いが実現したのです。

小高い緑の丘に建てられた「白樺の碑」建設の標木の前で、池田先生がこの日に詠《よ》んでくださった和歌が紹介されました。

白樺の　真白き生命を　つつみたる
天使の胸に　幸ぞ光れと　　大作

当時、参加したメンバーは、「先生の温かい真心にふれ、涙があふれて止まりませんでした」と語っていました。

そして、池田先生が見守る中、碑のクワ入れ、白樺の木の記念植樹を行いました。しかし、メンバーにとっては、初めてのこと。「どうすればいいのですか」と尋ねると、池田先生は、「土をかければいいんだよ」と――。

その後、緑の芝生の上で、池田先生を囲んでの昼食会。さらに雪山広場での緑陰懇談会が行われました。

真っ白いサビタの花が可憐《かれん》に咲きほころぶ前で、愛唱歌の合唱。記念撮影では、池田先生がメンバーの輝く笑顔

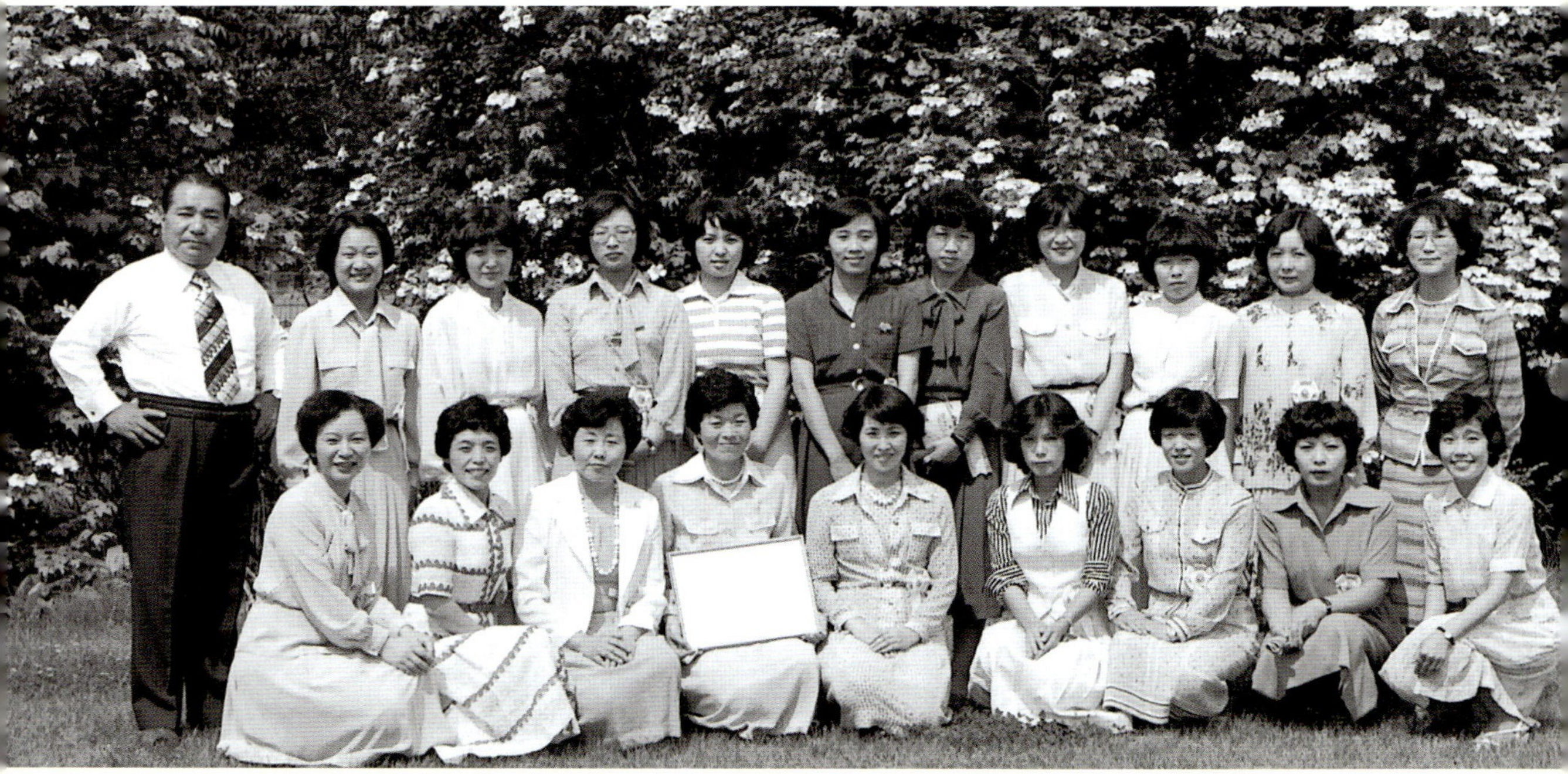

池田先生と晴れやかに記念撮影（函館研修道場　1978.6.23）

をカメラに収めてくださる場面もありました。それは、それは、夢のようなひと時でした。

池田先生は懇談の中で、「白樺の皆さんは、いつも大変な所で働いて、暑い思いをしているから、碑は涼しい大沼にしたんだよ」「皆さんは創価学会の長女だよ」「大地にしっかり根を張っていくんだよ。一生涯、強い絆《きずな》で結ばれていくんだよ」と語られました。

さらに、「ここを皆さんの憩《いこ》いの場にしよう」と提案してくださったのです。

メンバーは、こうした激励のひとつひとつを胸に刻み、「池田先生のご期待に応《こた》えよう」「いかなる人をも蘇生させゆく看護の使命を果たしていこう」と深く決意したのです。

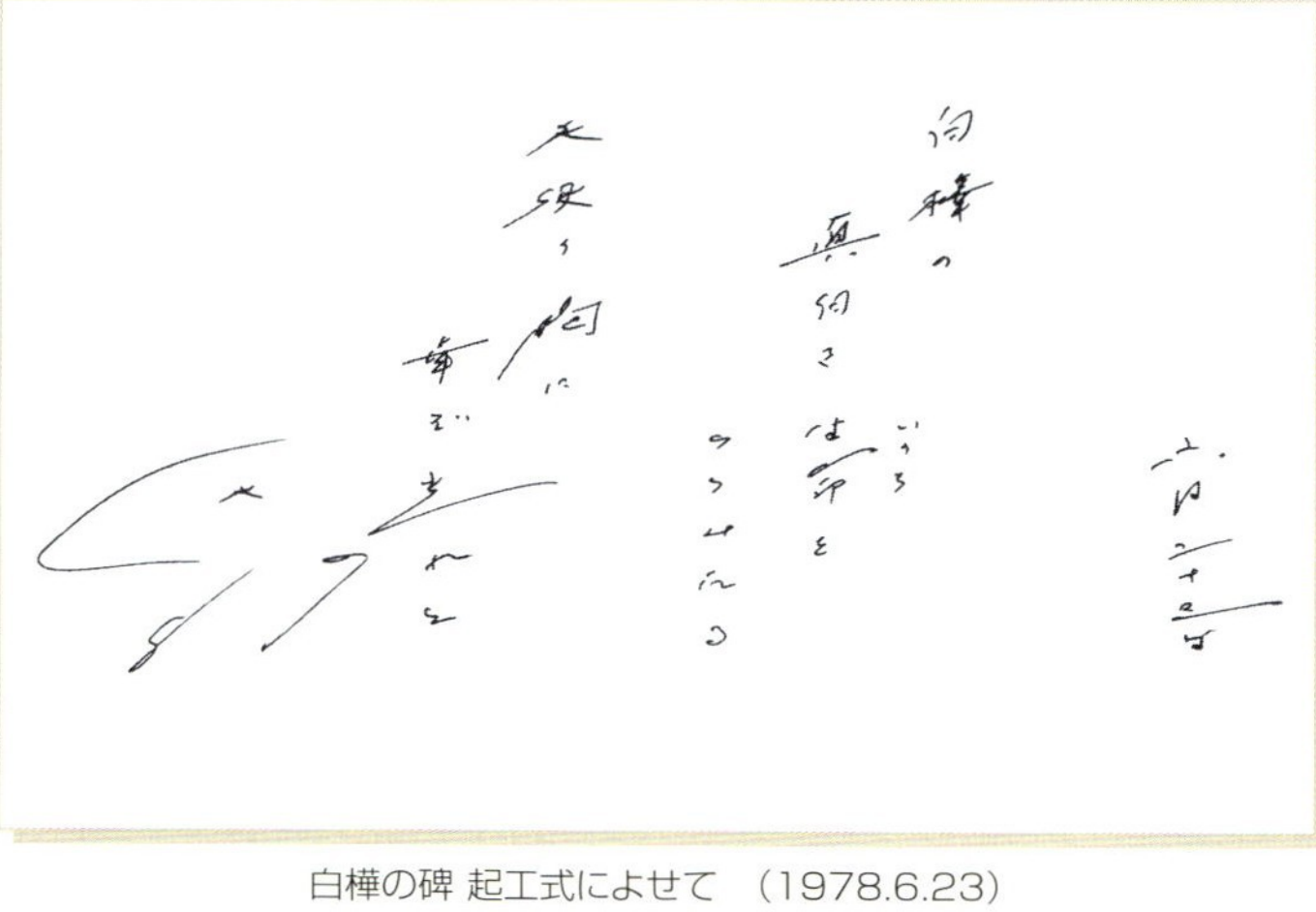

六月二十三日
白樺の　真白き生命を　つつみたる
天使の胸に　幸ぞ光れと　大作

白樺の碑 起工式によせて　（1978.6.23）

懇談

昭和53年8月5日

メンバーと懇談される池田先生（創価婦人会館　1978.8.5）

昭和53年8月5日、学会本部周辺での会合を終えた私たち白樺グループのメンバーを、池田先生と奥さまが、急きょ、創価婦人会館（現・第二女性会館）へと招いてくださいました。

一緒に勤行、唱題をした後、池田先生は、代表に花束を手渡され、「皆さんには、いつも救護でお世話になっているので、いつか直接お礼を申し上げたかった」と激励。

そして、「いかなる乞《こつ》食《じき》には・なるとも法華経にきずをつけ給《たま》うべからず」（御書一一六三ページ）の「四条金吾殿御返事」の一節を通し、指導されました。

終了後には、「今日は私が皆さんを見送ります」と、全員が退場するまで見送ってくださいました。

池田先生・奥さまと共に勤行、唱題（創価婦人会館　1978.8.5）

障魔の嵐の中で

昭和54年5月22日

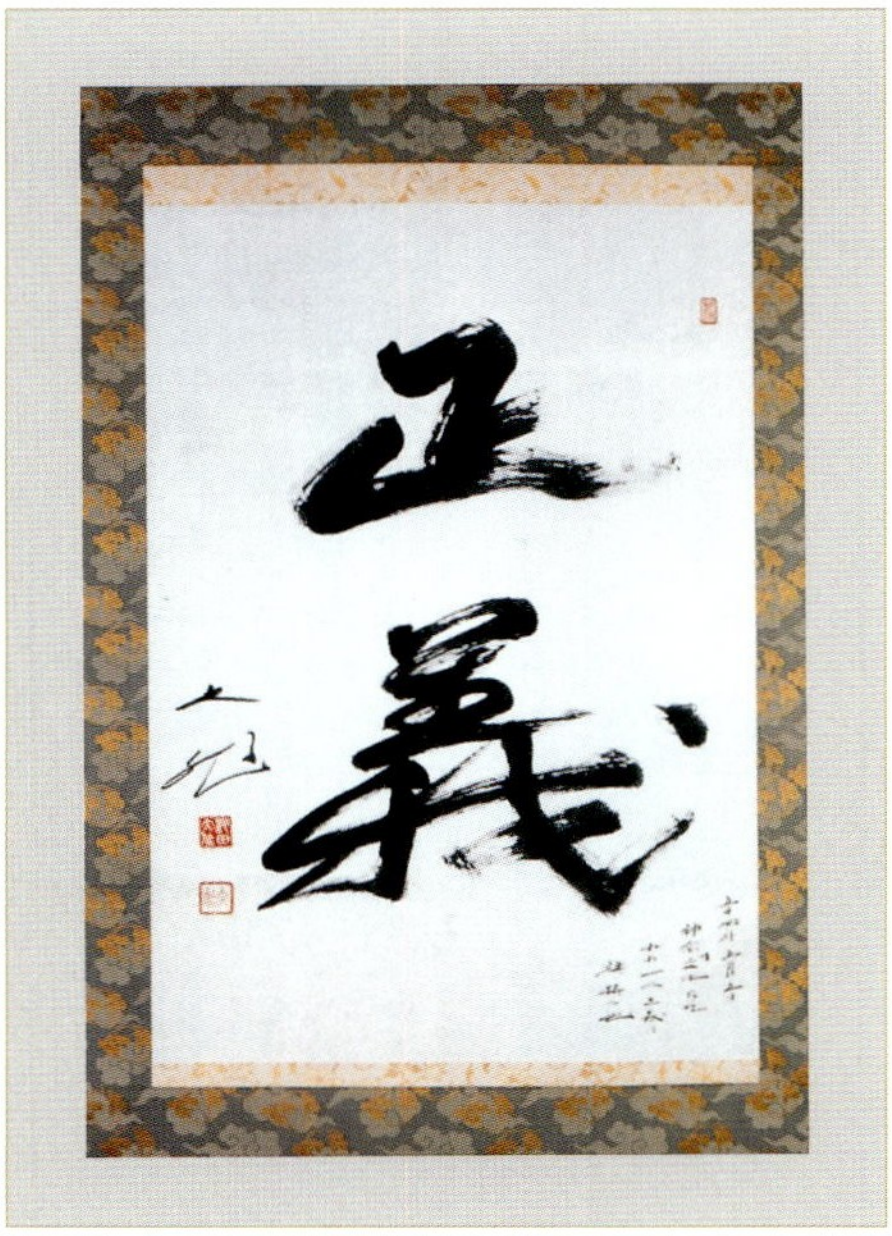

世界に広がる海を見つめて「正義」——
「我一人正義の旗持つ也」と書き記された池田先生。
闘魂したたる御揮毫は、新たな世界広布への誓いの刻印である。

第一次宗門問題の嵐が吹き荒れる昭和54年4月24日、池田先生は第三代会長を勇退されました。

聖教新聞紙上でも池田先生のことが報道されない中、白樺グループのメンバー一人一人が先生を思い、ただひたすらにご健康とご無事を祈り続けていたのです。

こうして迎えた、昭和54年5月22日——。海外の要人との会見のために神奈川の地を訪れていた池田先生は、白樺の代表を、新たに開館したばかりの神奈川文化会館へと招いてくださいました。

そして、会館の入り口で、大きく手を広げて出迎えてくださり、感激の出会いを刻むことができたのです。

このときの模様は「随筆　新・人間革命」に「使命尊き〝白樺〟の友」として綴《つづ》られています。

神奈川・横浜（池田名誉会長　撮影）

随筆 新・人間革命

使命尊き白樺の友

生命の世紀へ　慈悲の看護の輝き——

思えば、一九七九年（昭和五十四年）の初夏のことであった。

それは、私が会長を辞めて、はや一カ月になろうとするころのことである。五月の三日の総会を境《さかい》に、「聖教新聞」等で私の動静が報じられることは、まるで禁じられたように、ほとんどなくなった。

それは、当時の、恩知らずの反逆の連中が、学会乗っ取りをしようとした総本山の邪智顚倒《じゃちてんどう》の坊主らと結託《けったく》して、私を完全に抹殺《まっさつ》しようとした企《たくら》みであったのだ。

その全《まった》く陰険極《きわ》まりない、道義に反した、狂気じみた様子を、鋭《するど》く嗅《か》ぎとっていたのが、若き〝白樺〟の弟子たちだった。

忘れもしない五月の二十二日、私は、横浜の神奈川文化会館で、久方ぶりに、白樺グループの方々とお会いした。ささやかな懇談会であった。

その会合が始まる直前のことであった。

「先生！」「先生！」と、数人の〝白樺〟の乙女《おとめ》たちが駆け寄ってきた。

そして、一人の友が、涙を浮かべながら言い放った。

「先生、お元気ですか！」

一途《いちず》な声であった。一緒にいたメンバーたちも、祈るような真剣な顔でその様子を見つめていた。

「私は、元気だよ！」

そう答えると、皆の笑顔がほころんだ。

神奈川文化会館

この健気《けなげ》な友のためにも、偉大な日蓮仏法を守り抜くためにも、信心なき邪悪な坊主たちから指図《さしず》される必要は毛頭《もうとう》ないと、私の心は師子《しし》のごとく燃えていた。

真剣な、そして責任を深くもっておられる白樺会、白樺グループの方々の発する、真心の鋭い一言は、多くの人びとの心情を生き生きと蘇《よみがえ》らせる。誠実な深き思いやりの、活発な行動は、

この日の出会いは、池田先生が私たちの永遠の指導者であることを
改めて深く生命に刻む、忘れ得ぬ原点となった（神奈川文化会館　1979.5.22）

生命を守り、多くの人びとの病苦を癒《いや》してくださっている。

この「生命の世紀」の先頭に立つ、気高き重大なる使命については、御書の「御義口伝」に「衆生の重病を消除《しょうじょ》す」（八〇一ページ）と仰《おお》せのごとく、法華経の「薬王菩薩《やくおうぼさつ》」の力用《りきゆう》にも通じゆくものだ。この薬王菩薩は、過去世において、自身を教化してくれた仏への報恩感謝のゆえに、わが身を燃やして灯明《とうみょう》を供養したと説かれている。

〝白樺〟の皆様は、人びとのために尽《つ》くし、精も根も尽き果てるような激闘の日々のなか、さらに広宣流布のために献身し、多くの生き抜かんとしゆく人間たちへ、希望の光を点《とも》しておられる。その功徳は、自分自身を燦々《さんさん》と照らし、永遠に包みゆくことは絶対に間違いない法理だ。

（随筆　新・人間革命287「使命尊き〝白樺〟の友」より抜粋）

日米交歓の集い

in Malibu　昭和55年10月18日

in Malibu

澄み渡る青い空の下、マリブトレーニングセンター前の海岸で池田先生・奥さまと記念撮影

第1回SGI総会の席上、スピーチする池田先生（ロサンゼルス・シュライン公会堂　1980.10.17）

昭和55年10月17日、アメリカ・ロサンゼルスに世界48カ国の代表5、000人が集い、歴史的な第1回SGI総会が開催されました。

この時、白樺グループの代表5人が親善交流団の一員として訪米。翌18日にマリブトレーニングセンターで開催された「第1回SGI総会記念　日米交歓の集い」では、交流団のメンバーとして舞台に立ち、歌を披露しました。

当時、参加したメンバーは、「池田先生はいつもお忙しいのに、寸暇《すんか》を惜しんで私たちを励ましてくださいました。マリブの海岸では先生と一緒に散歩したり、記念撮影をしてくださるなど、一生の思い出となる楽しい時を過ごさせていただきました。私たちは緊張のしっぱなしで、実は海なんか目に入りませんでした(笑)。この地にも白樺の木を記念植樹していただき、白樺グループへの期待と使命の重大さを再確認しました」と語っています。

マリブトレーニングセンター内にて池田先生・奥さまと共に勤行する白樺メンバー

日米交歓の集いで歌を披露する白樺グループのメンバー（マリブトレーニングセンター　1980.10.18）

白樺会結成

昭和61年3月21日

感動の結成式

女子部白樺グループは昭和44年6月6日に結成されてから、「共に励まし、切磋琢磨《せっさたくま》していきなさい」とのご指導通り、皆で仲良く団結し、前進してきました。

やがて、婦人部へと進出するメンバーが増えるにしたがって、「婦人部にも白樺を作っていただきたい」との機運が高まってきました。

こうした中、各地で自発的に部員掌握が始まり、昭和60年には首都圏で、白樺グループ出身の婦人部メンバーが組織だって活動できるまでになりました。

そして昭和61年3月21日、婦人部「白樺会」が発足することになったのです。

結成式をめざし、全員で池田先生のご出席を祈る中で、準備や結集に奔走しました。もちろん、先生のご予定は知る由《よし》もありませんでした。

前日は池田先生から矢継ぎ早の激励をいただきながら、決意と喜びにあふれて、準備は深夜にまで及びました。

しかし、しっかりとした組織の体制もまだ整わず、実際には、だれが出席できるかといった状況さえわからないまま、当日を迎えました。

開会前、「何人集まりましたか」との問い合わせが何度も続く中、結成式の会場となった鶴山会館（学会本部新館三階）には、続々とメンバーが集ってきました。

白樺会結成式で池田先生と共に勤行・唱題（本部新館・鶴山会館　1986.3.21）

壇上で代表メンバーを表彰。一人一人にメダルをかけ、激励される池田先生
（本部新館・鶴山会館　1986.3.21）

そして、12時27分、思いもかけなかった池田先生が、鶴山会館の後方から入場されたのです。

ずっと祈り続けた白樺会の結成式に池田先生をお迎えすることができ、メンバーは声も出ないほどの驚きと喜びでいっぱいでした。

早速、池田先生の導師で勤行が始まりましたが、皆、感涙抑えがたく、声になりませんでした。

勤行が終わると、池田先生は白樺会の代表メンバーを表彰してくださいました。

この日、「白樺会」初代委員長に就任した稲光禮子さんに直接、メダルをかけ、握手をし、激励。その光景に、会場は喜びと感動の嵐に包まれたのです。

池田先生はこの日を記念して、和歌を詠《よ》んでくださいました。

生命を　こよなく愛し　慈しむ
ああ白樺の　悲母に　幸あれ

さらに、「いつも学会を陰で支えてくれている大事な人たちだ」「大事な人たちだから」と何度も言ってくださいました。

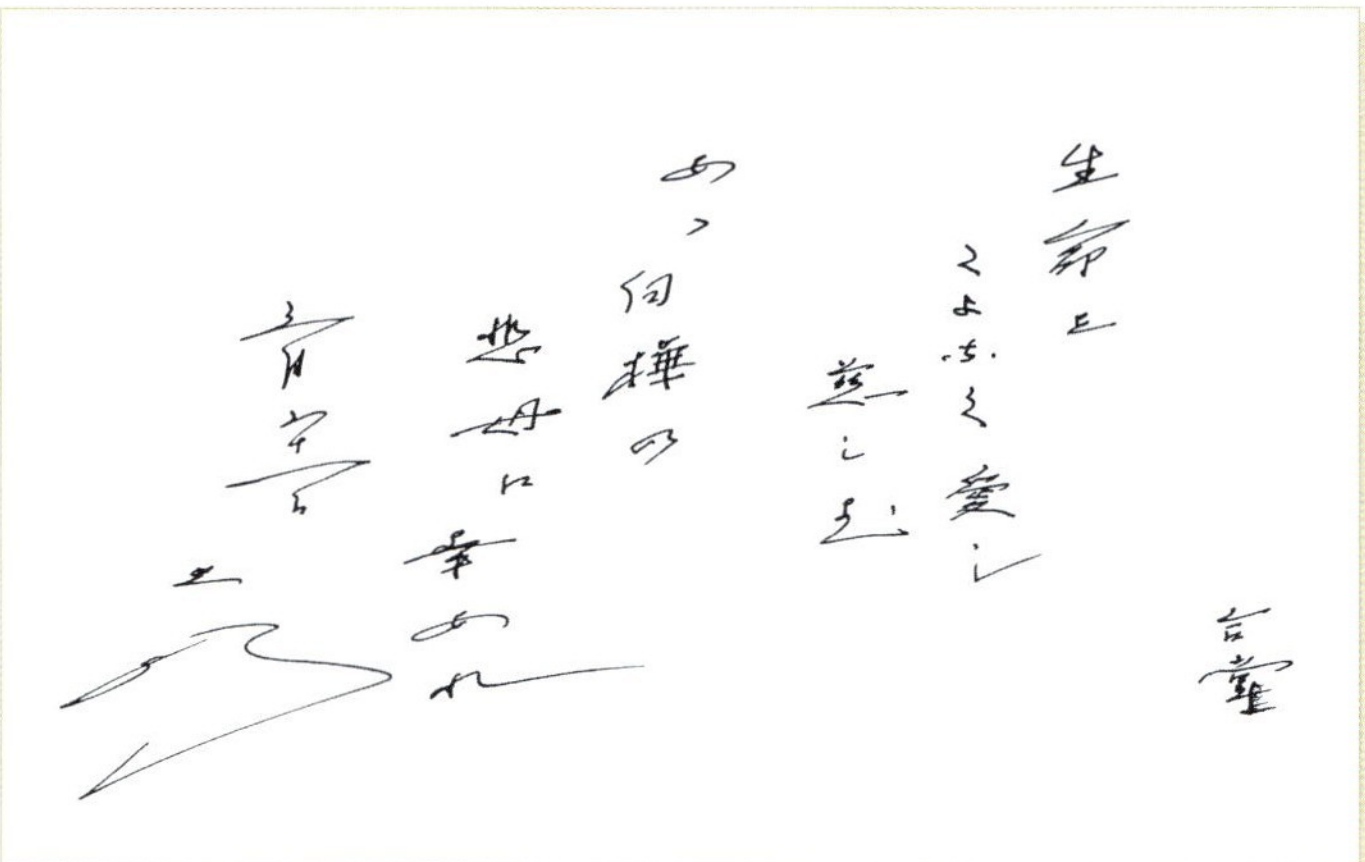

生命を　こよなく愛し　慈しむ
ああ白樺の　悲母に　幸あれ
三月二十一日　大作

白樺会結成式によせて　（1986.3.21）

関西婦人部「白樺会」の結成勤行会に出席された池田先生（関西文化会館　1986.5.4）

Photo History

女子部白樺グループの発足から17年——。長い歳月を経て、念願の婦人部「白樺会」の結成が実現したのです。

婦人部の同志も、この日を原点に、家庭、職場で勝利しようと、新たな誓いを胸に出発しました。

関西、そして全国へと広がる波動

また、61年5月4日には、池田先生が関西白樺グループの勤行会に出席されて、関西にも婦人部「白樺会」の結成をみ、深い楔《くさび》を打たれたのです。

席上、ご自身の少年時代の体験を通し、心優しき看護師の存在の大切さについて指導されました。

さらに、白樺会の結成を祝し、三種の和歌を贈られたのです。

凜々《りり》しくも　天使のごとく　白衣着て
菩薩《ぼさつ》と讃《たた》えむ　君らの姿は

病《や》める人　苦しき人に　笑みたたえ
強く　優しく　励ます姿よ

白樺の　ロマンの庭に　芯《しん》つよく
人びと　だきしめ　慈母の君らは

その後、順次、各県にも白樺会が結成。婦人部の人材グループとして発展してきました。

大阪城公園（池田名誉会長　撮影）

健康対談

平成8年4月～11月

看護とは「健康をつくる芸術」

心身ともにはつらつと充実した日々を生きるには、何が必要なのか。「楽しく長生き」の人生は、どうしたら可能なのか。池田先生は、こうした課題について白樺の代表と語り合ってくださった

平成8年には、池田先生が「健康」と「長寿」について、白樺の代表と語り合ってくださる機会がありました。この対談は「聖教新聞」に「『健康の世紀』を目指して―仏法の眼・医学の眼」として連載されました。

池田名誉会長　ナイチンゲールは、看護は「健康についての芸術※」であると言いました。

画家はカンバスを相手に、彫刻家は大理石を相手に仕事をする。

看護は、もっと素晴らしい、人間の生命を相手にした「最高の芸術」である。これが彼女の誇りでした。

私も、看護は「芸術」であると思う。技術と知識と人格とが一体になった「人を癒《いや》す芸術家」です。これほど素晴らしい存在はない。

池田名誉会長　病気の人というのは、いつも葛藤《かっとう》があるものです。自問自答というか、いつも自分の中で苦しく会話を戦わせている。

その苦しさを「聞いてあげる」ことは、それ自体が「抜苦《ばっく》」になります。抜苦与楽《よらく》（苦を抜き、楽を与える）の抜苦です。

それも形だけで聞くのではなくて、本当に親身《しんみ》になって聞いてあげる。その温かい「心」が病《やまい》を癒す力になるのではないでしょうか。

（『健康の智慧―仏法の眼　医学の眼』より池田名誉会長の言葉を抜粋）

対談の内容は『健康の智慧―仏法の眼　医学の眼』として発刊された

※ナイチンゲールの言葉は、湯槇ます監修・薄井坦子他編訳『ナイチンゲール著作集』第2巻（現代社）より

スピーチより

白樺の友へ

ドクター部と白樺会、白樺グループの代表も参加されている。

いつも人々の健康のために尽《つ》くしておられる、尊い医師や看護師などの皆さんである。

全員で、感謝の気持ちを込めて拍手を送りたい（大拍手）。

皆さんは、世界一の妙法を持《たも》った尊き仏の使いである。妙法流布という、人間として最高の使命がある。「健康の世紀」「生命の世紀」の道を開いておられる。

広宣流布のため、創価学会の同志のために尽くす福徳は無量である。皆が長者となり、王者となりゆく方々である。一番高い、一番深いプライド（誇り）をもっていただきたい。

皆、生身《なまみ》の人間だから、病気にもなれば、けがもする。病院にも行く。

ドクター、白樺の皆さんは、病院で大勢の人を診療して、疲《つか》れることもあるだろう。気むずかしい人を相手にしなければならない場合もあるかもしれない。

しかし、病気やけがをしている人にとって、頼りになるのは医師であり、看護師である。健康と長寿のための要《かなめ》の中の要が皆さんである。

医療の技術はもちろんのこと、「あの病院に行って、安心した。よかった」と言われるような、人格の光る、素晴らしい医師・看護師であっていただきたい。

そして、それぞれの立場で、「世界一の健康の病院」「理想の病院」を築いていくことだ。

各部合同研修会で、「白樺の皆さんは人格の光る素晴らしい看護師であっていただきたい」と呼びかけられる池田先生（長野研修道場　2004.8.7）

長野（池田名誉会長　撮影）

仏法は「声仏事《ぶつじ》を為《な》す」（御書七〇八ページ）と説く。

声が「仏《ほとけ》の仕事」をする。広宣流布は声の力で進むのである。

声にもいろいろある。温《あたた》かな声。冷たい声。嫌《いや》な声。感じのいい声。声ひとつ、話し方ひとつで、心を通《かよ》わせ、信頼を結んでいける。

どうかリーダーの皆さんは、声を聞いたら、皆《みな》がほっとする。元気になる。心明るくなる――そう言われるような、人に勇気と希望を与える声であっていただきたい。

妙法の音声《おんじょう》には、広大無辺《こうだいむへん》の力がある。

大聖人は、こう教えてくださっている。

「題目を唱え奉《たてまつ》る音声は、十方《じっぽう》（＝東西南北の四方と東南・東北・西南・西北の四維と上下の二方）の世界に届かない所はない。我々の小さな声でも、題目という『大音』に入れて唱え奉るゆえに、大宇宙の中で到達《とうたつ》しない所はない。たとえば小さな音でも、ほら貝に入れて吹く時、遠くまで響《ひび》くようなものである。また手の音はわずかでも、鼓《つづみ》を打てば遠くまで響くようなものである。一念三千の大事の法門とはこれである」（同八〇八ページ、通解）

一人の祈り、一念も、「題目の音声」に込めれば宇宙全体に響き渡《わた》る。

信心の力は全宇宙の仏・菩薩《ぼさつ》をも動かし、幸福の方向へ、勝利の方向へともっていける。

題目の大音声に勝《まさ》る力はないのである。

（平成16年8月7日　各部合同研修会での池田先生のスピーチより抜粋）

ナイチンゲール箴言《しんげん》

優れた看護婦であるためには、
優れた女性でなければなりません
優れた女性でありたいと願うのであれば、
常に進歩し続ける女性でなければなりません

*

毎日を他者のために働いている看護婦は、
まさしく皆英雄となりうる

*

患者や同僚や上司などに変化をもたらし、
さらに、この世界をも変えることのできるもの、
それはあくまで自分が模範を示すことなのです

※ ナイチンゲールの言葉は、湯槇ます・小玉香津子・薄井坦子・鳥海美恵子・小南吉彦訳「看護婦と見習生への書簡」／
湯槇ます監修・薄井坦子他編訳『ナイチンゲール著作集』第3巻所収（現代社）より

使命の道

白樺の誕生

本章は、平成十五年三月五日～三月十九日まで、聖教新聞に掲載された池田名誉会長の著作『新・人間革命』第十四巻（使命の章）より、白樺グループに関する記述を①～⑫として収録したものです。（本文の挿絵は内田健一郎氏）

1

人には、皆《みな》、尊い使命がある。

その使命を自覚した時、閉ざされていた生命の扉《とびら》は開け放たれ、無限の力がわく。無量の智慧《ちえ》がわく。

われらの根本的使命——それは、万人の幸福と平和を実現する、「広宣流《こうせんる》布《ふ》」という人類未到の聖業《せいぎょう》の成就《じょうじゅ》にある。


初代会長牧口常三郎の生誕九十八年の記念日にあたる一九六九年（昭和四十四年）六月六日は、東京地方の梅雨《つゆ》入りが宣言された日であった。

雨が降り続く、この日の夕刻、学会本部に近い新宿区南元町の女子会館（花壇寮）に生き生きと向かう女性たちがいた。

女子部の看護婦（現在は看護師）メンバーの代表たちである。

身繕《みづくろ》いをする間もなく、勤務先の病院から息を弾《はず》ませて駆《か》けつけた人もいたが、その頬《ほお》は紅潮し、瞳《ひとみ》は使命に生きる誇りに輝いていた。

午後七時前、四十数人の参加者が顔を揃《そろ》えた。

開会が告げられると、まず、女子部長の藤矢弓枝が、満面に笑《え》みを浮かべて語り始めた。

「皆さん、今日は嬉《うれ》しいお知らせがあります。

山本先生から、看護婦の皆さんのグループを結成してくださるとの、お話をいただきました。そして、名前もいただいております。グループの名称は『白樺《しらかば》グループ』です。

本日は、その結成式となります。大変におめでとうございます」

「ワーッ」という歓声とともに、大きな拍手が起こった。

白樺グループ——山本伸一は幾《いく》たびとなく北海道を訪問していたが、そこで目にする白樺の清楚《せいそ》で気品《きひん》あるたたずまいは、「白衣《はくい》の天使」のイメージにピッタリと符合《ふごう》していた。

白樺は「パイオニアツリー（先駆《せんく》樹《じゅ》）」と呼ばれる樹木の一種で、伐採《ばっさい》後の荒れ地や山火事のあとなどでも、真っ先に育つ、生命力の強い木であるといわれている。また、あとに生えてくる木々を守る、「ナースツリー（保護樹）」としても知られている。

彼は、人びとの生命を守りゆく看護婦グループに、最もふさわしい名前であると考え、「白樺グループ」と命名したのである。

2

〝看護婦さん〟というと、伸一には忘れられない、青春時代の思い出があった。

それは、国民学校を卒業し、鉄工所に勤《つと》めていた時のことである。戦時下の軍需《ぐんじゅ》工場での労働は、かなり過酷《かこく》なものがあった。

伸一の胸は、結核《けっかく》に侵《おか》されていた。しかし、仕事をやめるわけにはいかなかった。四人の兄たちが、皆《みな》、兵隊に取られ、彼が一家を支えなければならなかったからである。

彼は無理に無理を重ねた。三九度の熱を出しながら、仕事を続けたこともあった。軍事教練中に倒れたこともあった。休ませてもらおうとしても、「ずる休みをするな！」と言われる時代であった。

そんなある日、高熱に加え、血痰《けったん》を吐《は》き、医務室に行った。

憔悴《しょうすい》しきった伸一の姿を見ると、医務室の〝看護婦さん〟は、素早《すばや》く脈《みゃく》をとり、体温を測《はか》った。四十代半ばの小《こ》柄《がら》な女性であった。

彼女は、心配そうな顔で言った。

「これじゃあ、苦しいでしょう。ここには満足に薬もないし、レントゲンも撮《と》れないから、すぐに病院へ行きましょう」

伸一は遠慮《えんりょ》した。だが、〝看護婦さん〟は、ふらつく彼を支えて、病院まで付き添って来てくれたのである。

道すがら、彼女は転地療法を勧《すす》めたあと、屈託《くったく》のない顔で語った。

「戦争って、いやね。早く終わればいいのに……。こんな時世《じせい》だけど、あなたは若いんだから、病気になんか負けないで頑張《がんば》ってね」

診察を終えると、伸一は、何度も頭を下げ、丁重《ていちょう》にお礼を述べた。

〝看護婦さん〟は、さらりと言った。

「気にしなくていいのよ。当たり前のことなんだから」

社会も人の心も、殺伐《さつばつ》とした暗い時代である。親切を「当たり前」と言える、毅然《きぜん》とした優《やさ》しさに、力と希望をもらった気がした。それは、伸一にとって、最高の良薬《りょうやく》となった。

彼女の優しさは、「戦争はいや」と、戦時下にあって堂々と言い切る勇気と表裏《ひょうり》一体のものであったにちがいない。一人の生命を守り、慈《いつく》しむ心は、そのまま、強き〝平和の心〟となる。

3

看護婦メンバーのグループの結成を、山本伸一が提案したのは、ひと月ほど前のことであった。

この数年、看護婦の過重労働が、大きな社会問題となっていた。

看護婦の数は、病院のベッド数の増加に追いつけず、看護婦不足は、年々、深刻化の一途《いっと》をたどっていたのである。

病院看護は、二十四時間を、日勤、準夜勤、深夜勤の三交代で行うことになっていたが、準・深夜勤を合わせると、月のうち、十回を超《こ》えるのは普通で、月二十回という人もいた。

どこの病院でも、看護婦は疲《つか》れ果《は》てていた。労働内容に比べて待遇も悪く、体がもたないなどの理由から、転職を考える人も多かった。

全日本国立医療労働組合は、人事院に行政措置《そち》要求を行い、一九六五年（昭和四十年）には、「夜勤回数は月八回以内に」「夜勤人数は二人以上に」との判定が出されたが、改善は、ほとんどなされなかった。

そのため、夜勤を月八回以内に制限することなどを要求する看護婦のストが、全国で起こっていたのである。

一九六九年（昭和四十四年）の五月になると、創価学会本部のある信濃町の慶応病院でも、夜勤を月八回以内にした、組合がつくったダイヤで仕事をするという、自主夜勤制限が行われた。

これは、マスコミにも大きく取り上げられた。「看護婦のいない夜は、患《かん》者《じゃ》はどうなるのか。患者を人質にすることではないのか」との、組合への非難も渦巻《うずま》いた。
伸一は、学会の女子部にも、多くの看護婦がいることを知っていた。当時、東京だけでも、七百人ほどのメンバーがいたが、勤務の関係で、思うように学会活動に参加できない人も少なくなかった。しかし、そのなかで懸命に時間をやりくりしては活動に励《はげ》み、さらに、学会の各種行事の「救護《きゅうご》」役員として、忙しい仕事の合間を縫《ぬ》って、駆《か》けつけてくれていたのだ。
伸一は、看護婦として働く女子部員に、励ましを送り、勇気と希望を与えたかった。生命の守り手たる、尊き使命を自覚し、職場の第一人者として大成してほしかった。そのために、女子部の幹部と相談し、「白樺グループ」の結成に踏み切ったのである。

4

看護婦メンバーの使命の重大さを、伸一は痛感していた。

医学に目覚《めざ》ましい進歩・発展を遂《と》げてきたが、医療の人間不在を指摘する声もまた、次第に高まっていた。「薬づけ」という状況もあった。治療か人体実験かわからないという批判も起こっていた。「人間」が置き去りにされつつあったのだ。

また、病院で患者は、どれほど人間の温《ぬく》もりを感じ、心の癒《いや》しを覚《おぼ》えるであろうか。さらに、患者の尊厳がどこまで守られ、人間としての誇《ほこ》りが、どこまで保たれているであろうか——そう考えると、伸一もまた、医療の現実に、疑問をいだかざるをえなかった。

その医療に人間の血を通わせるうえで、看護婦の果たす役割は、極《きわ》めて大きいといえよう。看護婦は、人間と直接向き合い、生命と素手《すで》でかかわる仕事である。その対応が、いかに多大な影響を患者に与えることか。体温を測《はか》るにせよ、注射一本打つにせよ、そこには看護婦の人間性や心が投影《とうえい》される。患者はそれを、最も鋭敏に感じ取っていく。

そして、看護婦の人間性や患者への接し方は、どのような生命観、人間観、いわば、いかなる信仰をもっているかということと、密接に関係している。

ナイチンゲール

ナイチンゲールは*「ともかくもその人の行動の動機となる力、それが信仰なのです」と述べている。真に献身的な看護には、宗教的な信念ともいうべき、強い目的意識が不可欠《ふかけつ》であろう。

仏法は、慈悲《じひ》、すなわち、抜苦与楽《ばっくよらく》（苦を抜き楽を与える）を説き、その実践の道を示した教えである。さらに、仏法は、生命は三世永遠であり、万人が等しく「仏」の生命を具《そな》えた尊厳無比なる存在であることを説く、生命尊厳の法理である。まさに、仏法のなかにこそ、看護の精神を支える哲学がある。

その仏法を持《たも》ったメンバーが、自身を磨《みが》き、職場の第一人者となっていくならば、人間主義に立脚《りっきゃく》した、患者中心の看護を実現しゆく最強の原動力となることを、伸一は、強く確信していたのである。

*『ナイチンゲール著作集　第三巻』（湯槇ます監修、薄井坦子・小玉香津子・田村真・金子道子・鳥海美恵子・小南吉彦編訳、現代社）から引用。

5

結成式は、「白樺グループ」として、東京では毎月、各区ごとに部員会をもつなど、今後の活動が発表されたあと、代表抱負《ほうふ》に移っていった。

そのうちの一人は、この年の春から、看護専門学校の教員として教壇に立っている、小森利枝という女子部員であった。

彼女は、「まず自分が模範の存在となって、自らの行動を通して、慈悲を根本にした看護の在り方を、学生たちに教えていきたい」と、はつらつと語った。

また、八月に、西ドイツ（当時）に渡り、現地の病院に勤めることが決まった山木千鶴というメンバーの抱負も、参加者に希望の新風を送った。

「山本先生は、二十一世紀は『生命の世紀』であると言われておりますが、直接、生命と触れ合う私どもこそ、それを実現しゆく、先駆者であると思います。

今、世界は、どのような看護婦を必要としているか――。

幅広く、深い、専門的な知識や技術の習得はもちろんですが、何よりも求められているのは、癒《いや》しや希望をもたらすことができる、人格の輝きではないでしょうか。二十一世紀のあるべき看護婦像を築き上げていくことこそ、私たちの使命であります。

私は、この八月、西ドイツに渡りますが、医療にも、信仰にも国境はありません。ともに〝白樺〟の同志として、妙法のナイチンゲールをめざし、『生命の世紀』を創造していこうではありませんか！」

さらに、結成式では、大学病院に勤める米光《よねみつ》愛子が、看護婦ストの問題について所感を語った。

「看護婦のストは、人手不足が恒常《こうじょう》化《か》し、過重労働が続く現状では、患者中心の看護ができないために、それをなんとかしようということが、出発点になっています。

私も、労働条件の改善の必要性は痛感しておりますが、看護婦が職場を放《ほう》棄《き》し、患者を置き去りにするような事態を生じさせることは、間違いであると思います。

看護の原点は、患者の生命を助け、守ることだからです。看護婦のために患者がいるのではなく、患者のために看護婦がいるのです」

6

米光《よねみつ》愛子は、看護婦が労働条件の改善要求のために、患者《かんじゃ》の生命を手段化するようなことは、絶対にあってはならないと考えていた。そうなれば本末《ほんまつ》転倒《てんとう》であり、なんのための〝戦い〟なのか、意味がなくなってしまうからだ。

「私たちも労働者ではありますが、生命の守り手としての責任を、決して忘れてはならないと思います。そのうえで、患者さんの十分な看護ができる看護婦の増員を、病院側が行うように、粘《ねば》り強い運動を続けていくべきではないでしょうか」

米光は、福岡県の久留米市の出身で、中学時代にナイチンゲールの伝記を読んで感動し、人のために尽《つ》くせる道を歩みたいと、看護婦をめざした女性であった。

中学校を卒業した彼女は、親元を離れて准看護学校に入り、寮生活を送った。二年後に准看護婦になると、久留米の病院に勤務しながら、定時制高校に通った。この高校時代に、腎臓の病《やまい》に罹《かか》った職場の先輩が創価学会に入り、ほどなく病気を克服した。

だが、米光は、そのことよりも、入会後、その先輩の人柄が、大きく変わっていったことに驚いていた。以前は、ぶっきらぼうで、笑顔を見せたことのなかった人が、後輩にもにこやかに、「ご苦労さま」「お疲《つか》れさま」と声をかけるようになった。また、誰よりも積極的に仕事に取り組むようになった。よく聞かされていた、愚痴《ぐち》や文句《もんく》も、耳にすることがなくなった。

そのころ米光は、全般的に学会員の患者の治《なお》りが早く、治療の副作用や合《がっ》併症《ぺいしょう》などが少ないことに気づいた。

〝創価学会の信心と病気の好転とは、なんらかの関係があるのかもしれない〟

そう考えた彼女は、学会に強い関心をいだき始めた。まさに、御聖訓《ごせいくん》に仰《おお》せのように、「一切は現証には如《し》かず」（御書一二七九㌻）である。探究心の旺盛《おうせい》な米光は、自分が目にした厳《げん》たる事実を、無視することができなかった。

「創価学会って、どんな宗教なんですか」

その先輩に尋《たず》ねてみた。しかし、入会して間もないせいか、答えに窮《きゅう》してしまった。

7

　だが、先輩は確信に満ちた声で、こう言った。

「私は、うまく説明できないけど、会合に出てみれば、学会のすばらしさが、よくわかると思うわ」

　米光愛子は、公会堂で行われた御書講義に参加した。

　そこには、老若男女《ろうにゃくなんにょ》が生き生きと集《つど》っていた。担当講師の声は確信にあふれ、話は理路整然としてわかりやすく、納得《なっとく》することができた。

　彼女は、自分も、この信心を試《ため》してみようと思い、ほどなく入会した。

　信心を始め、地道に学会活動に励《はげ》み、教学を学ぶなかで、米光は信仰が生命力を湧現《ゆげん》する源泉であることを知った。また、心と体の関係などの、仏法の深い洞察《どうさつ》や、慈悲という教えに感動を覚《おぼ》えた。そして、「慈悲の看護」の実現をめざしたいと思うようになっていった。

　高校卒業後は上京して看護学校で学び、正看護婦になると、大学病院に勤めた。その病院では、組合活動も盛んであった。しかし、労働条件の改善が最優先され、患者が二の次になっていることに疑問を感じた。

　米光は、常に「患者中心の看護をめざすべきです」と主張し続けた。組合は、そんな彼女を名指《なざ》しで批判することもあった。米光が学会員であることにも、反感を募《つの》らせていたようだ。しかし、彼女は、信念を曲げなかった。

〝いかなる理由があろうが、患者を人質にするようなやり方は、人道に反する。何があっても、人命を守ることを最優先するのが、看護の基本精神ではないか！〟

　彼女は、その信念と見解を、「白樺グループ」の結成式で、所感として発表したのである。

　結成式では、最後に、女子部長の藤矢弓枝が、「白樺グループ」の使命について語っていった。

「私の闘病体験でも、病院では、モノとして扱《あつか》われているようでいやでした。そうした医療の現場で、慈悲の哲学をもって、人間の心を通わせていくのが、皆さんの使命であると思います。法華経には『如蓮華《にょれんげ》在水《ざいすい》』とありますが、どんなに厳《きび》しい環境であっても、そこで〝実証の花〟を、〝信頼の花〟を咲かせていってください」

　大きく頷《うなず》く参加者の澄《す》んだ目に、決意が光っていた。

8

「白樺グループ」の結成式の模様は、藤矢から、会長の山本伸一に伝えられた。

彼は言った。

「この会合はささやかだが、やがて歳月《さいげつ》とともに、その意義の大きさがわかってくるよ。

メンバーは皆、本当に大変ななかで懸命に信心に励《はげ》んでいる。寮住まいをし、信心に理解を示さない先輩や同僚と、同じ部屋で暮らしている人もいるだろう。勤行一つするにも、からかわれ、気兼《きが》ねしながらせざるをえないかもしれない。

また、三交代という不規則な勤務のうえに、常に人間の生死《しょうじ》と直面している。疲労《ひろう》も激《はげ》しいだろうし、緊張感もストレスも、相当なものがあるだろう。会合に出席するのも必死であるにちがいない。急患《きゅうかん》があったりすれば、参加できなくなることもあるだろう。

しかし、そのなかで、広宣流布の使命の炎《ほのお》を赤々と燃やして、頑張り通してこそ、真実の仏道修行がある。それによって、自《みずか》らの人間性も磨《みが》かれ、人の苦しみ、悲しみが共有できる。菩薩《ぼさつ》の心、慈悲の心を培《つちか》うことができる。『極楽《ごくらく》百年の修行は穢土《えど》の一日の功徳に及《およ》ばず』（御書三二九ページ）と仰《おお》せの通りだ。冬を経《へ》ずして春は来ない。花には忍耐という大地がある。労苦なくしては勝利もないし、人生の幸福もない。

皆がともに勝ちゆくために、同じ看護婦として互いに励まし合い、支え合い、使命に生きる心を触発《しょくはつ》し合っていくことが大事になる」

それから伸一は、未来を仰《あお》ぎ見るように顔を上げ、目を細《ほそ》めた。

「これで、苗《なえ》は植《う》えられた。二十年、三十年とたてば、このグループは、必ず大樹《たいじゅ》に育つよ。もともと、病《やまい》に苦しんでいる人のために尽《つ》くそうと、看護婦の仕事を選んだこと自体、菩薩の心の人たちなんだ。

みんなが、自身の使命を自覚し、自身に挑《いど》み勝っていくならば、『白樺グループ』は、最も清らかで、最も強く、一番、信頼と尊敬を集める、功徳と福運にあふれた女性の集まりになるよ。楽しみだ、楽しみだね……」

藤矢は、「白樺グループ」に寄せる、山本会長の深い思いに、目頭《めがしら》が熱くなるのを覚《おぼ》えるのであった。

9

「白樺グループ」の結成は、メンバーに限りない勇気と誇りを与えた。

彼女たちは「生命の世紀」のパイオニアの自覚を新たにし、人間主義の看護をめざして、それぞれが奮闘《ふんとう》を開始した。

結成式で、看護婦ストの問題について所感を述べた米光《よねみつ》愛子は、以前から患者《かんじゃ》に対する看護要員の算定《さんてい》基準の研究に取り組んできた。

基準看護制度では、当時、看護婦は患者四人に対して一人が適正であるとされていた。だが、彼女は、看護の内容を度外視して、単に患者数に基づいて画一的に割り出す算定基準に、疑問を感じていたのである。そして、看護業務の内容の詳細《しょうさい》な実態調査を重ね、看護要員の算定基準の新たな考え方をつくり出し、患者中心の看護を実現していく一助にしたいと思ったのだ。

米光は、友人と二人で調査と研究を重ね、論文にまとめていった。仕事を終えてからの研究、執筆《しっぴつ》であり、睡眠《すいみん》時間を大幅に削《けず》ることもあった。それが完成すると、「白樺グループ」結成直前の五月末、医学・看護学の専門出版社の懸賞論文に応募した。彼女たちの論文のタイトルは、「看護要員数および看護業務内容の分析《ぶんせき》による基準看護の現状」であった。

そこでは、綿密《めんみつ》な実態調査のうえから、看護婦の業務量は極《きわ》めて多く、診療の際の介助《かいじょ》や雑務などに時間を奪《うば》われ、患者中心の個別的な援助には、とても対応できる状態にないことが明らかにされていた。そして、現状の人員算定の基準は、現実を無視したものであり、看護内容などの正確な把握《はあく》のうえから、再検討されなければならないとしていた。それは、看護婦増員が医療の喫緊《きっきん》の課題であることを学術的に立証し、客観的に裏づけた貴重な論文となった。

この年の秋、米光たちの論文は、「優秀作」に選ばれ、看護研究学会でも注目を浴びた。

彼女は、「白樺グループ」の一員として、人間主義の看護を実現するために、さらに、さまざまな研究テーマに取り組んでいくことを決意したのである。

10

米光《よねみつ》が次に挑戦したのは、「肺性脳《のう》症《しょう》の看護」についての研究であった。

さらに、「白樺グループ」のメンバーと、「看護とは何か」「看護婦の適性と能力とは何か」などについて共同研究した論文が、優秀作に選ばれたこともあった。

彼女は、看護婦としての実践と地道な研究が評価され、後年、医療技術の短期大学の看護教員となり、やがて、教授となっていくのである。

「白樺グループ」では、看護の基本は、生命の法則を知ることであるとの考えのうえから、教学の研鑽《けんさん》に力を注《そそ》ぐことにした。そして、結成の翌年には「白樺教学」と名づけた、御書の学習会をスタートさせた。

仏法の研鑽は、皆《みな》に自身の使命の深い自覚を促《うなが》し、人間主義の看護の実現をめざす原動力となっていった。「一念三千」や「色心不二《しきしんふに》」「依正不二《えしょう》」「九識論《くしきろん》」等の法理を学び、生命と生命は互《たが》いに相通《あいつう》じ合うという「感応《かんのう》妙《みょう》」の原理を知ると、メンバーの患者への接し方は大きく変わっていった。

ある人は、交通事故にあい、ほとんど意識がなくなった八歳の女の子の健康回復を、懸命に祈りながら、日々、

手を握《にぎ》っては、励《はげ》ましの言葉をかけ続けた。

「必ず治るから、頑張ろうね」「早く元気になって、また学校に行きましょうね」

だが、反応はなく、一週間、二週間とたっても変化は見られなかった。しかし、三週間目から、容体《ようだい》は好転し始め、やがて、視線が反応するようになった。

ある日、少女の体を拭《ふ》いていると、突然、少女が言葉を発した。

「お姉ちゃん、ありがとう。私、学校に行けるようになるからね」

彼女は、跳《と》び上がらんばかりに驚いた。本当に、生命は感応し合っていたのだ。

こうした体験は、彼女一人ではなかった。皆が同様の体験をもち、看護する人の一念の大切さを痛感していった。だからメンバーは、患者のことを必死で祈った。

〝このまま死なせるものか！〟

〝この命を必ず守らせてください！〟

その心で、看護にあたった。

11

学会の各種行事に「救護《きゅうご》」の役員として出動する心構えも、教学の研鑽が深まるにつれて変わっていった。

メンバーの一人に、佐竹千栄子という、山形県出身で新宿区内の病院に勤めている女子部員がいた。彼女は、「救護」の役員として、病気になったり、怪我《けが》をしたりした人が出たら、いかに素早《すばや》く適切な処置をするかに心を砕《くだ》いてきた。

しかし、次第に、こう考えるようになった。

〝病人や怪我人が出たら、全力で救護にあたることは当然だが、それだけでよいのだろうか。仏法は、万法は自身の一念に収められていると説いているのだから、救護にあたる私たちの一念と祈りによって、そうした事態を未然に防ぐこともできるのではないか。それこそが、私たちの大切な心構えなのかもしれない〟

彼女はメンバーと話し合った。皆、意見は一致した。「救護」の担当につくメンバーは、「無事故」を祈って誰よりも真剣に唱題した。それが「救護」役員の伝統となっていった。

また、会合等に参加していて気分が悪くなった人の多くが、食事をしないで駆《か》けつけて来たり、室内の温度は高いのに、厚着《あつぎ》をしたまま会場にいたことがわかった。そこで、食事をして来ることや、暑ければ上着《うわぎ》を脱ぐようにと、行事の主催者に徹底してもらうようにした。

「白樺グループ」のメンバーは、さらに仏法の視点から、看護の在り方を探究していった。

そして、「生命力の消耗《しょうもう》を最小にする」ことが看護であるとのナイチンゲールの考え方を一歩進めて、「患者の生命力を引き出す」看護の在り方を研究していった。

彼女たちは、生命力は希望や喜びとともにわくことに気づいた。希望がもてるように、患者と一緒に、病《やまい》を克服するための挑戦目標を決め、懸命に応援するメンバーもいた。

また、病気の絶望感や孤独感から、患者が自暴自棄《じぼうじき》になったりしないように、励《はげ》ましには、特に皆が力を注いだ。さらに、殺風景な病室や廊下《ろうか》に花を生《い》けるなど、少しでも心和《なご》む環境づくりをしようと努《つと》めるメンバーもいた。

12

「白樺グループ」に初めてグループ長が誕生したのは、結成から一年余が過ぎた一九七〇年（昭和四十五年）の八月、田端の東京第三本部で行われた、第一回総会でのことであった。

グループ長は、佐竹千栄子であった。

彼女は抱負《ほうふ》を語った。

「大聖人は『一切衆生の異《い》の苦を受くるは悉《ことごと》く是《こ》れ日蓮一人の苦なるべし』（御書七五八ページ）と仰《おお》せです。この大慈大悲の同苦《どうく》の心こそ、医療、看護の究極の精神ではないでしょうか。この御精神を体して、慈悲《じひ》の看護を実践し、皆を勇気づける光源となっていくには、自分が強くなければなりません。

わが生命を磨《みが》き鍛《きた》え、悲哀《ひあい》に負けない強さ、自分の〝おごり〟に打ち勝つ強さ、宿命に流されない強さを、身につけてまいりたいと思います。

そのために、私たちは、自分に妥協《だきょう》することなく、広宣流布の最前線に立って活動に励み、自身の人間革命をめざそうではありませんか」

佐竹は、そこに人間主義の看護を実現するカギがあると確信していた。

仏典には、こう説かれている。

――人間は、老者《ろうしゃ》や病者《びょうしゃ》、死者を嫌《けん》悪《お》するが、それは「若者《じゃくしゃ》のおごり」「健《けん》者《じゃ》のおごり」「生者《しょうじゃ》のおごり」である。自分もまた、老《お》い、病《や》み、死んでいく者なのだと知らなければならない。

彼女は、医師や看護婦にも、自分たちが健康で〝優位〟な立場にあることから、ともすれば、患者を「下《した》」に見る〝おごり〟の傾向があることを感じてきた。そうした意識は、表情や言動に表《あらわ》れ、患者の心を傷つけ、医療への不信にもつながっていく。「心のケア」を欠き、患者を、単なる「肉体」や「物体」であるかのように扱《あつか》う、医療の在り方も、この〝おごり〟と無関係ではあるまい。

しかし、自分も老い、病み、死ぬことを自覚する時、眼前の老者も、病者も、自分自身であることに気づく。そこから同苦の心が生まれる。

ゆえに、看護婦の一念の転換、人間革命から、慈悲の看護の第一歩が始まるというのが、佐竹の叫びであった。

こうして「白樺グループ」は、人間主義の旗を掲げ、「生命の世紀」へと、勇躍《ゆうやく》、船出《ふなで》したのである。

生命の世紀へ

――長編詩・スピーチ・和歌

尊き白樺《しらかば》の皆様に贈る

生命の天使　気高《けだか》き希望の魂《たましい》！

私の手は
多くの人々の
尊《とうと》い生命を
護《まも》る武器《ぶき》である。

私の無音《むおん》の
落《お》ち着いた行動は
病《やまい》と戦《たたか》い続け
苦《くる》しみ抜《ぬ》いている
人々のために　ありたい。

私の　この細《ほそ》い腕《うで》は
病苦《びょうく》という悪魔《あくま》を
断《た》ち切《き》る
長剣《ちょうけん》の腕《かいな》である。

地獄《じごく》の病魔《びょうま》に対し
私は　憤怒《ふんぬ》と
血《ち》で染《そ》まった
美しい手をもって
無言《むごん》の戦いをしているのだ。

有名な『星の王子さま』の作家《さっか》
サン・テグジュペリは
こう語《かた》っている。
「人間は
障害《しょうがい》と力を競《きそ》い合うとき
自分自身を発見する」と。

白衣《はくい》の天使《てんし》！
それは
憧《あこが》れや見栄《みえ》の名前ではない。
現実は
そんな甘《あま》いものではない。
残酷《ざんこく》な地獄の使《つか》いと戦う
勇敢《ゆうかん》なる天使である。

ある時は
死《し》を見つめ
親族《しんぞく》や友人らに囲《かこ》まれて
辛《つら》く　悲《かな》しく
冷徹《れいてつ》すぎるほど
重苦《おもくる》しい不安の日が続く。
病者《びょうしゃ》を見守《みまも》る一族《いちぞく》と
悲嘆《ひたん》の涙《なみだ》を分《わ》かちながらの
同苦《どうく》の激務《げきむ》を
人々は深《ふか》くは知らない。

ある時は
「だいぶ良《よ》くなりましたよ」
「もうすぐですからね」と
爽《さわ》やかな薫風《くんぷう》のように
疲労《ひろう》した旅人《たびびと》を包容《ほうよう》する。

ある時は
「たくましく生きなさい」
「雄々《おお》しく戦《たたか》いなさい」と
母《はは》の叱咤《しった》のごとく
姉《あね》の励《はげ》ましのごとく

回復《かいふく》へのエールを送る。
「生老病死《しょうろうびょうし》」という
根本の命題《めいだい》を見据《みす》えての
貴女《あなた》の哲学《てつがく》は
いかなる運命《うんめい》に
もてあそばれる不安をも
情熱に変《か》えていく力を与《あた》える。

死の誘惑《ゆうわく》さえも
輝《かがや》かしき楽園を
夢《ゆめ》見る生命に
変えゆかんとする
溢《あふ》れる愛情と
真剣勝負《しんけんしょうぶ》の連続の日々《ひび》。

疲《つか》れ果《は》てても
天使《てんし》の両《りょう》の眼《まなこ》は
目に見えぬ患者《かんじゃ》の生命と
深《ふか》く交流する。
そして
精密《せいみつ》なる脈拍《みゃくはく》を取《と》りながら
闇《やみ》の中から
光の方向へと
導《みちび》きゆく尊《とうと》き力よ！

共に勝った時には
病者《びょうしゃ》の微笑《ほほえ》みが輝き
胸深《むねふか》く栄光に溢れた
自《みずか》らの使命に喝采《かっさい》する。

わが白樺《しらかば》グループの結成は
一九六九年（昭和《しょうわ》四十四年）の
六月六日であった。
この日は
牧口《まきぐち》初代会長の誕生《たんじょう》の
記念日である。

わが身《み》を燃《も》やして
光明《こうみょう》を供養《くよう》した
薬王菩薩《やくおうぼさつ》のごとく
不惜身命《ふしゃくしんみょう》で殉教《じゅんきょう》なされたのが
牧口先生であった。
白樺の薬王の生命は
常に　この創価の父《ちち》と共に
赫々《かっかく》と光彩《こうさい》を放《はな》つ。

あの日　あの時の新出発に
私は　妻《つま》と共に
深《ふか》く深く心に念《ねん》じた。
そして　強く強く祈《いの》った。

「大切な大切な
白樺の方々《かたがた》こそ
誰《だれ》よりも御健康で
誰《だれ》よりも御長寿《ごちょうじゅ》で
誰よりも素晴《すば》らしき
人生を生き抜《ぬ》かれゆくことを！」

そして　門出《かどで》を祝《しゅく》して
私は一言《ひとこと》　綴《つづ》り贈《おく》った。
「わが使命として
病《や》める人
心の傷《きず》ついている人を
どうか　励《はげ》ましていただきたい。
それは　政治家にも
著名人《ちょめいじん》にも　でき得《え》ぬ
根本的な慈愛《じあい》の
貴女《あなた》たちの尊《とうと》い叫《さけ》びしかない」と。

いま　嬉《うれ》しくも
幾《いく》千　幾万もの
生命の天使《てんし》たちが活躍する。
女子部は
「白樺《しらかば》グループ」として
婦人部は
「白樺会」として
はつらつと　来る日来る日を
厳粛《げんしゅく》に戦って
立ち上がっておられる。

貴女の果《は》てなき
動かぬ執念《しゅうねん》の心は
曖昧《あいまい》な動揺《どうよう》を超克《ちょうこく》しながら
確実な　平癒《へいゆ》の
地平線《ちへいせん》を見つめつつ
静《しず》かな表情に
深《ふか》い荘厳《そうごん》な姿《すがた》が映《は》える。

無数《むすう》の同志《どうし》が
日々《ひび》　お世話になり
「白樺の人」と聞くと
誰もが　安心する。

誰かが言った。
誰かが死《し》ぬ間際《まぎわ》に言った。
政治家たちの受けている
大勲章《だいくんしょう》を
私は　貴女にこそ
差《さ》し上げてもらいたいと。

私は詠《よ》み捧《ささ》げた。

「人の世《よ》に
希望の世紀《せいき》を
　　作らむと
菩薩《ぼさつ》か　佛《ほとけ》か
　貴女の姿は」

「諸天《しょてん》らよ
　尊き使命の
　　白樺を
断固《だんこ》と護《まも》れや
　永遠《とわ》に誉《ほ》めゆけ」

人気《ひとけ》のない病室《びょうしつ》。
沈黙《ちんもく》のこもる病室。
重苦《おもくる》しい病室。
社会から
取《と》り残《のこ》されたような病室《びょうしつ》。
真夜中《まよなか》の疲《つか》れた
慌《あわ》ただしい自身を
再《ふたた》び燃《も》え上がらせゆかんと
貴女《あなた》は
おごそかな暁《あかつき》に祈《いの》り戦《たたか》う。

複雑《ふくざつ》な変化に対応《たいおう》しながら
達人《たつじん》のごとく
瞳《ひとみ》を　そして身体《からだ》を
動かし始《はじ》めゆく
その振《ふ》る舞《ま》いは
まさしく健康博士《はかせ》！

文豪《ぶんごう》サン・テグジュペリは
こうも綴《つづ》っている。
「自分自身に
徹《てっ》すれば徹するほど
人間は偉大《いだい》になる」

最《もっと》も　心強く
最も　心優《やさ》しく
最も　心広く
最も　心賢《かしこ》く
最も　心健全《けんぜん》なる
貴女よ！

賢明《けんめい》なる才知《さいち》と
機敏《きびん》なる動作《どうさ》で
生命を慈《いつく》しむ
ナイチンゲールの魂《たましい》は
天使《てんし》よりも気高《けだか》き
聖女《せいじょ》であると謳《うた》った
詩人がいた。

誰《だれ》言うとなく
寒風《かんぷう》の中を
尊《とうと》く
芯《しん》強く　尊く

真《ま》っ直《す》ぐに伸《の》びゆく
白樺《しらかば》の木を思い出す——と。

ああ
天女《てんにょ》の姿《すがた》よ！
自《みずか》らの手柄《てがら》も
自らの名誉《めいよ》も
自らの誇《ほこ》りも
自らの苦渋《くじゅう》の時間も
自らの未来の幸福も
すべて病者《びょうしゃ》のために！

あの顔《かお》　この顔《かんばせ》を
覗《のぞ》き　見つめ
見守《みまも》りながら
皆《みな》の「健康 長寿《ちょうじゅ》」という
己《おのれ》の夢《ゆめ》の実現の主体者として
明け暮《く》れゆく
慈愛《じあい》の女王たちよ！

二〇〇〇年七月十二日
妻《つま》の入信記念の日に

白衣《はくい》の天使　生命尊厳《そんげん》への戦《たたか》い

歴史上には
正義の人も多い。
しかし
それ以上に
白衣《はくい》の天使は尊《とうと》い。

貴賤上下《きせんじょうげ》を超克《ちょうこく》して
真夜中も早朝も常《つね》に
生死の境《さかい》に苦しむ
病者のために
真剣《しんけん》に
また燃《も》え上がる慈愛《じあい》を
胸《むね》に湛《たた》えながら
凶暴《きょうぼう》な病魔《びょうま》と
戦ってくれる天使よ！
なんとありがたい
静《しず》かな白い衣《ころも》よ！

夜勤《やきん》が当たり前となって
世に言う
勤務評定《きんむひょうてい》など忘《わす》れ去り
ただ生死と
生命の尊厳の
神秘《しんぴ》の気配を
深々《しんしん》と感じながら
動き回る
美しくして尊《とうと》き
看護《かんご》の天使よ！

高熱《こうねつ》にうかされ
病の苦しみに
悶《もだ》える姿《すがた》を聞けば
美しき羽《はね》を広げ
飛鳥《ひちょう》の如《ごと》く
思いのままに飛《と》んでゆく。

いくら患者《かんじゃ》が
苦しい愚痴《ぐち》をこぼしても
繰《く》り返し繰り返し
この悲嘆《ひたん》に暮《く》れる
病者のために
目を覚《さ》ますと
すぐに頭脳《ずのう》が走る。

森閑《しんかん》たる真夜中も
ベルが鳴ると同時に
脱兎《だっと》の如く走りゆく
白衣《はくい》の姿。

そして
月の光に照《て》らされながら
患者《かんじゃ》を励《はげ》ます
この世の尊極《そんごく》の絵。
窓《まど》が白くなってきた時の
命の叫《さけ》びよ！

愛情こめて峻厳《しゅんげん》に
そして執念《しゅうねん》で
病者を抱《だ》きかかえゆく
身じろぎもせぬ
尊《とうと》い勇者《ゆうしゃ》の白衣《はくい》よ！

おお
慈愛《じあい》の天使！
おお
正義の魂《たましい》の天使！
自らの魂を
病める生命に注ぎ
黄金の天使の声を放ちゆく
深刻《しんこく》なる尊き情熱よ！

病状は厳《きび》しい。
しかし
この若《わか》き生命を
この尊き生命を
この生き抜《ぬ》いた
老《お》いたる人の生命を
このお伽《とぎ》の国の姫《ひめ》を
寓話《ぐうわ》より気高《けだか》き
少年王の瞳《ひとみ》を――
この人たちを
永遠の熱《あつ》い涙《なみだ》で
送りたくない。

生死は時を告《つ》げない。
生死の境《さかい》は
時計では計れない。

生死の境の
夢見《ゆめみ》る衝動《しょうどう》の姿《すがた》をば
完璧《かんぺき》に救《すく》い切ることが
深い私たちの任務だ。

彼《かれ》に
そして彼女《かのじょ》に
希望を与《あた》えるのは
病魔《びょうま》から解《と》き放つ
生命の尊厳《そんげん》の使者たる
私の役目だ。

天使は
嵐《あらし》の空にあっても
健康な旗《はた》を
常《つね》に見つめて進む。

いかなる致命的《ちめいてき》な
状況《じょうきょう》になっても
驚《おどろ》くべき理性をもって
新たなる
不幸から幸福への道を
はつらつと歩む。

ある哲学者《てつがくしゃ》が
美しく動く看護《かんご》の賢人《けんじん》を
見つめながら語った。
「あの方々は
正義の炎《ほのお》と氷の
天使だ。
生死の曲折《きょくせつ》の合間《あいま》合間を
急ぎ駆《か》けゆく姿《すがた》を見つめて
私の胸《むね》は熱《あつ》くなった」

涙《なみだ》もない死を見つめながら
自身は銀の涙を
いっぱい溜《た》めながら
親族に勝《まさ》る
無垢《むく》な魂《たましい》を
涙させていた。
その決意は
「あの病魔《びょうま》と闘《たたか》う博士《はかせ》よりも
私たちは
生命の勝利の博士なのだ」と。

すさまじき振《ふ》る舞《ま》いは
この世の
気高《けだか》き厳粛《げんしゅく》な
記念の日々となる。

いつも
果《は》てしない使命のために
慎《つつ》ましやかな
呼吸をしながら
懸命《けんめい》に
そして真剣《しんけん》に
すべての方々へ

晴れやかな人生の希望と
全《すべ》ての悔恨《かいこん》を超《こ》えて
慈愛《じあい》を贈《おく》りゆく
誠実《せいじつ》な振《ふ》る舞《ま》いよ！

かのナイチンゲールは
清々《すがすが》しく語った。
「最《もっと》も幸福な人々、
自分の職業を
最も愛《あい》する人々、
自分の人生に
最も感謝の念《ねん》を
抱《いだ》いている人々、
それは私の考えでは
病人の看護《かんご》に
携《たずさ》わっている人々である」

おお

それが天使か！
我《われ》らは
空想の天使は
知っている。
しかし
現実の天使を
ここに見た！

優《やさ》しさと不死《ふし》の力を
共々に
奮《ふる》い立たせてゆかんとする
尊《とうと》き姿《すがた》よ！

あの燃《も》える慈愛《じあい》の
光耀《こうよう》する魂《たましい》は
権力者など問題ではない。
あなたたち天使の
忍耐《にんたい》の血管は
いかなる戦慄《せんりつ》にも
決して崩《くず》れ落ちない
救世主の命だ。

あなたは
多くの患者《かんじゃ》の耳元で
小さな声で

母の歌を
歌ってくれる。
ある時は
恋《こい》の歌を
歌ってくれる。
そしてある時は
神秘《しんぴ》な天の声とともに
生き抜《ぬ》く
蘇生《そせい》の力の声を
染《し》み入る曲の如《ごと》く
聞かせてくれる。

静《しず》まり返った
凍《こお》りついたような
生死の境《さかい》の疲労《ひろう》から
救《すく》ってくれる勇気は
あの白衣《はくい》の天使の
優雅《ゆうが》な
そして毅然《きぜん》とした
柔《やわ》らかな励《はげ》ましである。

人生の岸壁《がんぺき》の淵《ふち》に立った
患者《かんじゃ》には
空は青く
希望も

朝日の如《ごと》く
輝《かがや》き始めた。

おお
無名の博士《はかせ》！
人生の博士！
そして　おお
無名のナイチンゲールよ！

死に近づいている人には
憎《にく》しみも楽しみも
羨《うらや》みもないだろう。
その灰色《はいいろ》の
人生の究極の世界に立って
真実と善良な
あなたたち天使は
勝ち負けのない
平和と栄光《えいこう》の金婚《きんこん》の式を
一家で挙《あ》げているように
励《はげ》ましてくれる。

一人の
苦しく悲しき魂《たましい》を
やわらげゆく君よ！

精神の深い慈愛《じあい》を
繋《つな》ぎながら
母のように
病《や》み悲しむ人々と
共《とも》に泣《な》き
共に
夜明けの太陽が昇《のぼ》ることを
励《はげ》ます　あなたよ！

そこには
義務《ぎむ》などは片鱗《へんりん》もない。
ある時は
厳《きび》しい表情で
ある時は
明るい笑顔《えがお》で
昼も夜中も
病《や》める人々に
慈悲《じひ》の献身《けんしん》を捧《ささ》げゆく。
希望輝《かがや》く鐘《かね》を鳴らし
生命の尊厳《そんげん》の戦《たたか》いを続《つづ》ける
黄金よりも高貴《こうき》な
白衣《はくい》の天使の
確《たし》かなる姿《すがた》よ！
「白樺《しらかば》グループ」は

清新《せいしん》なる女子部の
可憐《かれん》な名前！

「白樺会《しらかばかい》」は
品格ある婦人部の
伝統《でんとう》の名前！

おお
寒風の中に
厳《げん》と林立《りんりつ》しゆく
白樺《しらかば》の姿《すがた》よ！

晴れた朝に
熱情を秘《ひ》め
素直《すなお》にして
芯強《しんつよ》く立ちたる
美女の姿よ！

生き抜《ぬ》く
若《わか》い母親のように
悲しみを乗り越《こ》えて
喜《よろこ》びの瞳《ひとみ》を持った
白樺よ！

多くの幼子《おさなご》の苦痛《くつう》を

やわらげてあげたいと
背伸《せの》びして見つめている
白樺よ！

そして
多くの人々が
頬《ほお》ずりしたり
愛《あい》の調べを
囁《ささや》いてくれる
白樺《しらかば》よ！

あなたの木は
人生の苦しみも
激励《げきれい》してくれる。
惨《みじ》めな侘《わび》しい人生をも
力づけてくれる。

悶《もだ》え苦しむ
暗い葛藤《かっとう》にも
大きく
心を目覚めさせて
深い意味を与《あた》えてくれる
白樺の木よ！

あなたは
私たちの胸《むね》の
奥《おく》の奥まで
生き抜《ぬ》く芳香《ほうこう》を
分け合ってくれる。

多くの
春の花咲《はなさ》く木々よりも
悲嘆《ひたん》に暮《く》れる人々に
大いなる黄金の希望を
与えてくれる
白樺の木よ！

それは
強く　たくましく
絶対に負けない
生命力の木であるからだ。

二〇〇三年三月十一日
学会本部・師弟《してい》会館にて
世界桂冠詩人《けいかんしじん》

＊ナイチンゲールの言葉は、「アグネス・ジョーンズをしのんで」小玉香津子・田村真訳、『ナイチンゲール著作集』3所収、現代社。

おお白樺《しらかば》よ！　生命の幸福の博士《はかせ》よ

それは
寒風の厳《きび》しき
北海道の函館《はこだて》研修道場の
光景《こうけい》であった。

何本かの白樺《しらかば》の木が
厳《げん》として
白衣《はくい》を着た姿《すがた》をしながら
雄々《おお》しく
あまりにも凜々《りり》しく見えた。
まだ植えたばかりの
青年の木であった。

ちょうど
その時の研修は
北海道と東京の
看護師《かんごし》と美容師《びようし》の方々の
研修であったと記憶《きおく》する。

皆《みな》さまとご一緒《いっしょ》に
私と妻《つま》は
「白樺の碑《ひ》」と
「華冠《かかん》の碑」の
起工式に出席した。

白樺《しらかば》の貴女《あなた》がいると
いずこの病院も
楽園の門の前に
来たようだ。

常《つね》に生命を護《まも》りゆく
勇敢《ゆうかん》なる戦《いくさ》は
あまりにも尊《とうと》く
美しい。

貴女方《あなたがた》は
名医であり
生命の英雄《えいゆう》である。

「どこか痛《いた》みますか？」
優《やさ》しく威厳《いげん》のある
まなざしは
私たちの胸《むね》を
見通しているようだ。

来る日も来る日も
現実が負わせた
痛みの傷《きず》を
悪意の傷を
愛《あい》の心をもって癒《いや》し
安穏《あんのん》にさせていこうとする
慈悲《じひ》の炎《ほのお》に包《つつ》まれた
人間の正義の博士《はかせ》よ！

数多《あまた》の病を
必《かなら》ず
心から安堵《あんど》させてみせる！
生涯《しょうがい》の安らぎを与《あた》えよう！
慈愛《じあい》の光に満《み》ちた

懸命《けんめい》なる
その雄々《おお》しき姿《すがた》は
男性の医師たちも
胸《むね》を熱《あつ》くしているはずだ。

常日頃《つねひごろ》　傲慢《ごうまん》で
嫌《きら》われている者たちまでも
いつも彼女《かのじょ》たちは
愛《あい》のランプの輝《かがや》きのごとく
聡明《そうめい》に照《て》らす。

「一緒《いっしょ》に歌おうよ！」
共《とも》に歌うような気持ちで
温かく
そして強く
また七色の虹《にじ》のごとく
優《やさ》しく
語りかける。

ある時は
おとぎ話を聞かせながら
大昔《おおむかし》の舞台《ぶたい》に誘《いざな》い
ある時は
明るい姫《ひめ》となって
そしてまた

ある時は
多くの悩《なや》める人々を
敢然《かんぜん》と女王のごとく救《すく》いゆく
慈愛《じあい》の指導者となる。

退屈《たいくつ》そうな患者《かんじゃ》の心とも
一体となって
ある時は笑《わら》い
ある時は朗《ほが》らかに
そして
ある時は涙《なみだ》ぐみながら
共《とも》に人生の
新しい希望の蘇生《そせい》に
立ち上がってゆくのであった。

こわばっていた患者たちも
いつしか
明るい日ざしに照《て》らされた
晴れやかな
また軽《かろ》やかな
希望に満《み》ちゆく心に
なっていった。

ロシアの文豪《ぶんごう》
トルストイは喝破《かっぱ》した。

「富貴《ふうき》や名誉《めいよ》や
高き位《くらい》など――を
誇《ほこ》りとするがゆえに、
高慢心《こうまんしん》は
　実にいまわしい」

常《つね》に無償《むしょう》を誇《ほこ》りとし
名声など
何ひとつ考えることなく
あまりにも
無名にして偉大《いだい》な
生命のナイチンゲールよ！

貴女《あなた》たちの
賢《かしこ》くして
深い看護《かんご》がなかったならば
この動き戦《たたか》いゆく人生に
疲《つか》れ果《は》てて
皆《みな》が病気に
叩《たた》きのめされてしまうだろう。

健康になるまで
いかに寒々《さむざむ》しい状況《じょうきょう》であれ
貴女たちは
身を挺《てい》して

祈《いの》りながら
手当てを
また手当てをしてくださる。
生命を護《まも》りゆく
その純粋《じゅんすい》な心を見て
釈尊《しゃくそん》は
菩薩《ぼさつ》と讃《たた》えたのだ。

わが師《し》・牧口先生は叫《さけ》んだ。
「行動しなければ
　本当の信心は
　起こり得《え》ない」

寒き大地に
起立しゆく
白衣《はくい》の姿《すがた》の白樺《しらかば》よ！

「時間は、
　あらゆる行動の
　基本的要素である」と
フランスの作家
アンドレ・モロワは綴《つづ》った。
白樺の方々の
見事な人命 救助《きゅうじょ》の
迅速《じんそく》な奮闘《ふんとう》と活躍《かつやく》を
思い出すのだ。

インド独立の父
マハトマ・ガンジーは言った。
「吾々《われわれ》は
　悪い行《おこな》いを
　あくまで悪いという」

そうであるならば
皆《みな》さまは
善《ぜん》の行いを
一生　続《つづ》けておられるのだ。
大政治家《だいせいじか》よりも
輝《かがや》く勲章《くんしょう》を
政府は与《あた》えるべきだ。

それは
私一人の叫《さけ》びではない。
無数の賢人智人《けんじんちじん》たちも
いやらしき
高慢《こうまん》な政治家が
勲章《くんしょう》を受けるたびに
彼《かれ》らは
それを辞退して
白衣《はくい》の天使たちに
捧《ささ》げるべきだと怒《いか》った。

ある著名《ちょめい》な学者も言った。
「政治家に
　勲章をあげるなら
　それらを全部
　この裏切《うらぎ》ることのない

生命の博士《はかせ》たちに
最高の勲章を贈《おく》るべきだ」

そういう政治家は
いないのか！
それが
真実の政治家だ。
人間政治家だ。

大科学者
アインシュタイン博士は
こう語った。
「虚言《きょげん》は
　他人の言に対する
信頼《しんらい》を破壊《はかい》する」

権力者は
嘘《うそ》をついて
名誉《めいよ》をつくっている。
白樺《しらかば》の貴女方《あなたがた》は
絶対に
嘘をつかない。

「正義なることが
　魂《たましい》の健康である」とは
ナイチンゲールの
大確信であった。

勇気！
勇気！
勇気こそ
勝利の根本である。

戸田先生も
幾《いく》たびとなく
四面楚歌《しめんそか》の苦境《くきょう》に
立たされた。
事業の大失敗
折伏行進《しゃくぶくこうしん》への
日本国中からの反撃《はんげき》——

しかし
正義は勇気である。
勇気は
必《かなら》ず勝利する。
勇気は
必ず正義を証明する
力となる。

「最《もっと》も慈悲《じひ》に近いのは
　勇気である」と
常々《つねづね》　指導してきた
この先生の行動によって
創価の大道は開かれた。

そして
貴女《あなた》たちは
多くの方々の砂漠《さばく》の心に
清《きよ》らかな水を
沢山《たくさん》　流してくれている。

貴女たちは
病の苦しみを
愛《あい》の心で受け止め
痛《いた》みを深く癒《いや》してくれる。

貴女たちの心の中は
完璧《かんぺき》に近い
慈愛《じあい》の輝《かがや》きが
光っている。

アインシュタイン博士の
若《わか》き女性への助言を
贈《おく》りたい。

「目をあけて、
心をひらき、
両手をひろげ、
そして、
これまでの歴史のなかで
あなたのまえに
生きた人たちが
まきこまれた有害な考えに、
おちいらないように
するのです。

そうすれば、
この地球全体が
あなたの故郷《ふるさと》となり、
あなたのした仕事、
あなたのはらった
努力のすべては、
きっと幸福をもたらして
くれることでしょう」

貴女《あなた》たちの
澄《す》んだ目！
真剣《しんけん》な目！
慈愛《じあい》の目！
その瞳《ひとみ》は

多くの病《や》める人々の心に
新しい太陽の光を
見たという思いを
与《あた》えてくれる。

真夜中にも
患者《かんじゃ》のもとに走る
健気《けなげ》な姿《すがた》！
死のたびに
見送る家族たちに
勇気を与え
励《はげ》ましゆく姿！

昼夜を分かたず
病める生命を守り切る
人間の博士《はかせ》こそ
最《もっと》も尊《とうと》い姿である。

おお　白樺《しらかば》よ！
貴女《あなた》たちこそ
生命の幸福の博士なのだ！

二〇〇四年二月十四日

世界桂冠詩《けいかんし》人《じん》

＊トルストイの言葉は『人生の道』原久一郎訳、岩波文庫。アンドレ・モロアの言葉は、『人生をよりよく生きる技術』中山真彦訳、講談社。マハトマ・ガンジーの言葉は、福永渙著『ガンジーは叫ぶ』アルス（現代表記に改めた）。アインシュタインの最初の言葉は、「科学の法則と倫理の法則」南部陽一郎訳、『晩年に想う』所収、講談社。ナイチンゲールの言葉は「思索への示唆」田村真訳、湯槇ます監修『ナイチンゲール著作集』3所収、現代社。アインシュタインの二つめの言葉は、フィオナ・マクドナルド著『アインシュタイン』日暮雅通訳、偕成社。

日・米・仏・伊合同青年研修会より

ナイチンゲールの生き方

1986・8・2

ナイチンゲールは一八二〇年から一九一〇年まで生きたイギリスの有名な看護婦である。わが国でいえば文政三年から明治四十三年にあたり、九十年あまりの、尊くも波乱に富《と》んだ一生を送っている。その生涯は、苦労をしたから早死にするとか、楽をしたから長寿であり、健康になるとはいえないということを証明していると思う。

彼女は、近代看護を創始し、世界看護婦界の原点ともいわれ、また模範《もはん》とも仰《あお》がれている。

しかも、看護婦といっても小さい次元にとどまらず、病院の改良やインドの衛生問題など国家的レベルでも活躍している。また、生命と健康についての偉大な思想家であったし、実践者、教育者でもあった。「十九世紀は女性の世紀」とされるなかで、彼女自身がその象徴的《しょうちょうてき》存在ともなったといえよう。

何ごとにおいても原点、模範が大事である。信心の世界でいえば、末法万年にわたる土台を創《つく》っている私たちは、まさしくその存在であることを自負《じふ》していただきたい。

ひとつの原点をもち、行動をした人の真価は、教育者にも、実践家にも通ずるし、また多次元の社会の行動にも通じていくものである。医者が医学のことしか知らないとか、政治家が政治のことしか知らないというのでは、偏頗《へんぱ》な人生である。妙法は一切法に通じていくと説くが、現実社会のすべてに通じていくことが正しい信仰者のあり方だと思う。

彼女はイギリスの裕福《ゆうふく》な上流家庭に生まれたお嬢さんである。当時のイギリスはビクトリア王朝時代にあたり、世界経済の覇者《はしゃ》となっていた。いうなればイギリスの〝黄金時代〟であった。

彼女は、結婚してからずっとヨーロッパを旅行していた両親が、イタリアのフローレンス（フィレンツェ）に滞在《たいざい》していたとき、二女として誕生した。かつてルネサンスの中心の天地であったその地にちなんで、フローレンスと命名されたのである。

なお、本日は、イタリアの同志もはるばる参加されているが、そのフィレンツェの地にもこのほど立派な会館が誕生した。ルネサンス当時の建築様式がそのまま保存された由緒《ゆいしょ》ある建物である。まことに慶賀《けいが》にたえない。

両親はナイチンゲールを非常にかわいがり、彼女に当時として最高の教養を身につけさせようと懸命に育てた。文法、作文からフランス語、ドイツ語、イタリア語、ラテン語、ギリシャ語と多くの語学を学んだ。さらに、数学、哲学、歴史、音楽、絵画、手芸にいたるまで、研鑽《けんさん》を積んでいる。このときの勉学と努力が基礎になって、後年、彼女は多くの著作を残した。こうした例からみても、若い時代の苦労、勉強は絶対に必要なのである。

　ともかく、彼女の人生には未来の幸福が約束されていたといってよい。当時の常識では、華《はな》やかな社交界での生活、人々もうらやむような〝淑女《しゅくじょ》〟としての前途しか考えられなかった。しかし、彼女はそうした道を選ばなかった。華やかさの裏にはいつもわびしさとむなしさがまっている。それを彼女は知っていたにちがいない。

　人々の病《やまい》を治療し、苦悩を癒《いや》し、人々のために仕事をしていく看護婦としての人生をみずから選び、みごとにまっとうした彼女の生き方は、いうなれば菩薩《ぼさつ》の所作《しょさ》の一分ともいえよう。

　地道ではあるが他の人々の幸せを願って行動していく生き方の重要性は、時を重ねるにしたがい、身に感じてわかってくるものである。

強き覚悟で使命に献身

　彼女の日記には、こう書かれている。

「わたしは、なんの役にもたたないつまらないことに時間をむだづかいしないで、なにかきまった仕事、なにかするねうちのあることをしたくてなりませんでした」[1]と。

　こうして彼女は、悩める人々のために看護婦になろうと決心する。二十五歳のときに、その思いを家族に打ち明けると猛反対をうける。それも無理はない。当時、病院といえば、悲惨《ひさん》と不潔《ふけつ》に満ちた象徴《しょうちょう》のように考えられ、「看護婦は堕落《だらく》した女性でなければ、つとまらない」[2]とさえいわれていた。また「看護婦はみんな大酒のみである」[3]と悪口する人もいた。

　そうした時代に〝私は看護婦になる〟と決意したのである。ここに私は、ナイチンゲールの人間としての信念の強さ、偉さを感じる。

　人間の常として、多くの人々は世間《せけん》体《てい》を考えるものだ。さらにひとたび決意をしても、時がたつにつれてそれを忘れていきがちである。状況しだいで心も移り、一生という観点からみると、さまざまな紆余曲折《うよきょくせつ》をたどるものだ。

　しかし、彼女はひるまなかった。このころ「あきらめ！　このことばだけは、わたしにまったく理解できないことばだ！」[4]と記している。

　ナイチンゲールは、自己の決心を変えなかった。「あきらめ」という言葉は私にはない、と厳然として信念を貫くのである。

　これこそ信仰の精神であり、学会精神に通じる生き方といえる。どんな迫害にあっても〝私は信仰をまっとうする〟との決意こそが、広布の使命に生きる者の要諦《ようてい》であることを知っていただきたい。

　そして、ナイチンゲールはドイツの

看護学校に行き、看護婦としての第一歩を踏み出すのである。そのとき、すでに三十歳ごろであった。

三十代になって自己の課題に挑戦していったとしても、決して遅くはないといってよい好例であろう。

世の中には二十代で華やかな結婚式をあげ、あたかも幸せを満喫《まんきつ》しているかのように新たな人生のスタートを切りながら、やがて家庭に入り、子どもを産《う》み、三十代に入るころには現実の苦労に疲《つか》れ果て、希望も向上心も失ってしまう人も少なくない。

また、信心をしている人のなかにも、結婚後、生活に追われ、青春時代の誓いを忘れて、信心から離れ、さらには夫をも信仰の世界から遠ざけてしまう人もいる。

一生という長い目でみたとき、その人の人生は空虚《くうきょ》にならざるをえないことを思うと、かわいそうでならないし、また残念でならない。

ナイチンゲールは当時、ある手紙に〝人生は戦いです〟と書いている。いよいよ彼女の本格的な戦いが開始されたわけである。

その戦いをとおして、彼女はやがて、病院を改良し、看護婦を「堕落《だらく》した女性」から「天使」へと昇華《しょうか》させていく。それは、たった一人の女性であっても、その力がいかに大きいかを端的に示すものであったといえる。

〝一人〟の力というものを軽んじては断じてならない。すべては〝一人〟から始まるのである。ゆえに私は、つねに一人、一人をじっと見ている。そして、一人、一人に全幅の信頼を寄せ、育てることに全力をそそいでいる。

大勢を対象としているのみでは何もわからない。また、人数が多ければいいというものでもない。広布の推進も、結局は〝一人〟の成長にかかっているのである。

一八五三年、ロシアとトルコとの間に戦争が起きた。そのきっかけは宗教的な対立を理由にしていたようだ。当時のロシアの南下政策を阻《はば》もうとするイギリス、フランスはトルコを支援し参戦した。この戦争は黒海につきでたクリミア半島が主戦場となったことから、「クリミア戦争」と呼ばれている。

戦争勃発《ぼっぱつ》の翌一八五四年、ナイチンゲールは時の戦時大臣の依頼をうけ、三十八人の看護婦団を組織し、戦場へと向かった。ときに彼女は三十四歳、以後二年間にわたり奮迅《ふんじん》の活躍を展開するのである。これが「クリミアの天使」としてその名を世界の歴史にとどめることになる彼女の第一歩であった。

当時、イギリス軍の野戦病院は目を覆《おお》うばかりの惨状《さんじょう》であった。負傷兵が続出するうえ、コレラ患者《かんじゃ》も急増するにもかかわらず、医療品や食糧、物資はまったく不備という状態であった。しかも野戦病院の建物も不衛生《ふえいせい》きわまりなく、兵士たちは負傷や病気のためよりも、病院の不衛生からくる疫病が原因で死ぬほうが多かったともいわれる。

そのうえ、権威をふりかざす医師団らはナイチンゲールたちを無視し、病室に入れようとさえしなかった。露骨《ろこつ》なまでの差別である。

優《すぐ》れた看護婦は、患者を観察する眼がこまやかで、ときには医者よりも的確な判断をすることすらある。ゆえに、看護婦という存在は尊敬こそすれ、軽視すべきでは決してない。

そうしたなかで彼女は、掃除《そうじ》、洗《せん》濯《たく》、料理からすべての物資の供給にいたるまで何もかも引き受け、雑用に追われたという。それでも〝私たちには私たちの使命がある〟といって意に介《かい》さなかった。

ふつうであれば、あまりの不遇、過《か》酷《こく》な状況にいきどおって、当初の志を失《うしな》い、いわゆる退転をしてしまうであろう。しかし、ナイチンゲールは初心を貫き、使命の道を歩みぬいた。

私どもの信心の世界でも、厳しい環境に耐えきれず、当初の決意を失い、退転してしまっては、仏道修行をまっとうすることは決してできないのである。

ナイチンゲールの看護がどれほど献身的であったか。まる二十四時間、立ちっぱなしで兵士の看護にあたったこともある。八時間、ずっと床にひざをついたまま、傷を手当てし、包帯《ほうたい》を巻き続けたこともあるという。

今だったら労働基準法の違反になるところだ。これこそ使命感に生きぬいた姿である。使命ゆえに、人一倍努力を重ね、苦労をしたのである。覚悟《かくご》なくして、壮大なる仕事は成しえないことを銘記《めいき》していただきたい。

苛烈《かれつ》な戦闘で兵士が相次ぎ亡《な》くなる姿を目にしたナイチンゲールは、だれにもみとられずに死んでいく多くの兵士たちの孤愁《こしゅう》に、深い同情の念を禁じえなかった。そこで彼女は〝失意のうちにたった一人で死んでいく兵士がないように〟と強く願い、瀕死《ひんし》の枕辺《まくらべ》を力のかぎり回り、励ました。ここかしこにあまりに繁《しげ》く姿を見せる彼女の奔《ほん》走《そう》ぶりに、兵士たちは〝彼女は一時に、あちらにも、こちらにもいる〟と信じていたほどであったという。

こうしたナイチンゲールの、悩める同胞に対する深き慈愛の心を思うとき、私はわが学会における指導部〈草創期から最前線で活躍されてきた方々〉の存在に思いを馳《は》せざるをえない。私が指導部の皆さまを「広布の赤十字」「妙法の赤十字」と、尊敬をこめて呼ばせていただくのも、ナイチンゲールとの連想が淵源《えんげん》となっているわけである。

人生に迷い、悩みに苦しむ人々に、あたたかく、また強き慈愛の心で救《すく》いの手をさしのべようと、日々奔走《ほんそう》される指導部メンバーの姿ほど尊く、また美しいものはない。地涌《じゆ》の菩薩《ぼさつ》の眷属《けんぞく》である同志のために、自身の休息や報《ほう》酬《しゅう》を思うこともなく活躍されている指導部の友に、私は満腔《まんこう》の感謝をささげたい。そして、若きリーダーの諸君には、こうした大先輩への深き尊敬と感謝の念を絶対に忘れるな、と強く申し上げておきたい。

ナイチンゲールは、ある書簡《しょかん》のなかで「病人を看護するという仕事は、わたしがしなければならないおおくの仕事のうちでも、いちばん小さなものです[5]」と述べている。病院を管理し、運営する一切の仕事が、当時から彼女に課《か》せられていたわけである。

彼女は、十分な看護を行うためには、医者や看護婦のみならず、あらゆる人々の協力を得る必要を感じていたに相違ない。福祉《ふくし》・衛生という目的のために多くの人々が連帯し、組織化されていかなければならないとの認識に達していたといえよう。ここから彼女は、より大きな使命の人生へと歩み始めたといってよい。

そのうえ、彼女は、これとは違った仕事の一つとして、厖大《ぼうだい》な数の手紙を書かなければならなかった。毎日、多くの兵士が死んでいく。連絡が途絶えて、故国の家族は心配でたまらない。軍に手紙を書いても、当時のことゆえ、権威と役人根性の軍人たちに親切な反応を期待することはできない。自然、家族たちはナイチンゲールにあてて手紙を書くような場合もあった。彼女は、激務のなか、それらに全部目を通し、心のこもった返書をしたためている。

一例として、ある兵士の妻にあてたナイチンゲールの手紙が現在も残っているが、兵士の死を告げたその手紙は、深い同情とこまやかな思いやりに満ちた文面で、家族ならずとも涙なくしては読めないものである。そのうえ、彼女は未亡人手当ての申請書《しんせいしょ》を同封し、手続きの方法までこまごまと教え、あれこれとアドバイスしているのである。

こうした、深い慈愛と、相手の身になってのこまやかな配慮、激励は、学会の指導部の方々にも通じる尊い姿であると思う。

こうして彼女が生涯にしたためた手紙は、一万二千通にもおよぶとされている。何の報酬《ほうしゅう》があるわけでもなければ、名声のためでもない。ただ自分の決めた使命をひたむきに果たしていこうとする尊貴なる姿である。

まして私どもの信心の世界にあって、要領や利欲や人気とりの心をまじえることは、あまりにも情《なさ》けないことである。また、仏法の因果律《いんがりつ》に照らして怖《こわ》いことである。それらは結局、自分自身の生命を傷つけることにほかならないからだ。

彼女はこれだけの純粋なる献身《けんしん》と努力を重ねたにもかかわらず、無数の反対や妨害にあっている。もちろん彼女のやさしい看護に直接ふれた多くの兵士たちからは、心からの感謝と信頼が寄せられていた。しかし、それを除《のぞ》いては、愚劣《ぐれつ》な嫉妬《しっと》や裏切り、反抗、故意の中傷等々の集中砲火であった。裏切り者から非難されたりもした。この点からすれば、百年前も今も、人の心は進歩していない。

私もつねに、ためにする批判等の集中砲火を浴びてきた。しかし、私はいささかの痛痒《つうよう》も感じていない。自分のことは自分が一番よく知っている。創価学会のことはすべて私どもがもっともよく知っているからである。私は私の信念で、ひたすらなすべき使命を達成していくだけである。

しかし、もし、そうしたものにふりまわされて、あれこれ論じたり、本当はどうなのだろうかなどと動揺したり、悩んだりする人がいれば、その心があわれである。魔というものは、人が苦しむのを見て喜ぶものなのである。そうした無責任な言葉にふれて、紛動《ふんどう》されていては魔が喜ぶばかりである。そもそも妬《ねた》みで書いてあるのだから、ほめてあるはずがないし、良いことが書いてあるはずがない。

私どもは御本仏日蓮大聖人《にちれんだいしょうにん》の門下であり、人生の師匠・戸田先生の弟子である。ゆえに、ただ御書を拝し、御聖訓のままに、信念に生ききっていけばいいのである。

ナイチンゲールはこう言う。「ここでのほんとうにいやなこと、ほんとうにつらいことは、自分の責任をのがれることだけしか考えていない人たちとつきあっていかなければならないということです[6]」と。

私にはよくわかるし、いい言葉であると思う。彼女の人生観の一つの真髄《しんずい》といえるかもしれない。

また「キリストは、ユダというひとりの人によってうらぎられました。けれども、わたしの主張はあらゆる人によってうらぎられてきました——つぶされ、たたかれ、すてられてきました[7]」とも言っている。

しかし彼女は前に進んだ。人気などは歯牙《しが》にもかけなかった。毀誉褒貶《きよほうへん》にもとらわれなかった。このことは広布の精神、また学会精神に通ずるともいえよう。

お嬢さん育ちで、もともとほっそりと弱々しい彼女自身、病気で死にかかったこともあった。しかしぜんぶそれを乗り越えて、こうも書簡《しょかん》に記している。

「わたしはもう、この土地から得《え》られるものはすべてもらってしまった。クリミア熱も、赤痢《せきり》も、リウマチも。これですっかりこの土地になじんだ。これでもう、どんな人とでも最後までたたかいとおせる[8]」と。

これもたいへんに実感のある言葉だと思う。日本から海外へ行って広布に活躍している人たちについて、私は、その土地の文化を受容《じゅよう》して進みゆく労苦を思い、深く感動している。

クリミアでの傷病兵士に対するナイチンゲールの献身的な看護活動が、かえって彼女に対するねたみや反感をまねき、反発の嵐《あらし》に巻きこまれたのも事実であった。それにもかかわらずイギリス本国にあっては、先に帰国した兵士たちの話によって、ナイチンゲールは民衆から英雄として仰《あお》がれたのである。

一八六四年にはスイスのデュナンによって国際赤十字が発足しているが、その原点はクリミアでの彼女の看護にあるとされている。

戦争は勝利に終わり、彼女は母国イギリスに帰国した。そこには国民の熱狂的な歓迎が待っていた。しかし彼女の、称讃《しょうさん》に対する無関心は異常なほどであったといわれる。国民の讃嘆《さんたん》など、彼女の眼中になかった。

彼女の脳裏《のうり》からは、あのクリミアの野戦病院で苦しみながら死んでいった傷病兵士の姿が消えることがなかった。悲劇の責任は、軍の衛生組織の不備にあるのに、それらは依然として放置されたままである。それを思えば、彼女にとってはこれからが戦いの始まりであり、限《かぎ》りなき改革と進歩の始まりであった。彼女の胸中には、こうした不動の信念が脈打っていたのである。

　世間にもさまざまな分野で名を挙《あ》げ功《こう》を遂《と》げ称讃される人たちは数多くいる。だが、名聞名利《みょうもんみょうり》にも流されず、八風にも侵《おか》されない存在は少ない。それらのすべてを超越し、ひたすら次への改革と進歩をめざしていく――私はここに、ナイチンゲールの透徹《とうてつ》した人格と人間的偉さを痛感するのである。

　このころのナイチンゲールの心情をうつす日記の一節に「私は殺された兵士たちの祭壇の前に立っている。そして命あるかぎり、彼らの大義のために闘う[9]」とある。

　疲れ果てた心身にムチ打って、彼女はふたたび敢然《かんぜん》と新たな戦いを始めたのである。この強い挑戦《ちょうせん》の姿勢、これこそ御書に説かれている仏法の精神に通ずるものであり、人生の骨髄《こつずい》もここにある。

　彼女は、事実と統計の裏づけに基《もと》づいて、陸軍の衛生状態の改革、近代看護法の確立、病院の建築や管理の改良等の大事業にたずさわっていった。こうした事業の推進のかげには、ビクトリア女王の理解をはじめ、彼女の優《すぐ》れた献身的な精神に共鳴した男性たちの応援があったといわれている。いつしか彼女は、実地の行動のなかで境涯を深め、人々が彼女に助力をせずにはおれないとの風格さえ身につけていたのである。

　ナイチンゲールが残した数々の論文――「インドにおける生と死」（五十三歳）、「貧しい病人のための看護」（五十六歳）、「町や村での健康教育」（七十四歳）等――こうした論文からもうかがえるように、生命を慈《いつく》しむ彼女の視点は、一個の人間から家庭、地域へ、さらに国家、世界までの広がりをもっていた。

　生命、そして社会へと広がっていった彼女の思想と活動は、われわれがめざしてきた、個人の人間革命から家庭革命、地域革命へ、そして国家、世界の広布と変革へと発展する活動と同じ流れになっている。

　さらに、彼女は書簡のなかで「私たち看護するものにとって、看護とは、私たちが年ごと月ごと週ごとに《進歩》しつづけていないかぎりは、まさに《退歩》しているといえる、そういうものなのです[10]」と述べている。

　彼女は、まさにこの言葉どおりの、進歩、前進の人生をまっとうした女性であった。この文でいう「看護」は、われわれにとっては、「信心」、「広布の活動」とおきかえることができよう。〝進まざるを退転〟というように、つねに広布と信心に進みゆく日々であり、人生でありたい。そこに悔《く》いなき、充実と満足の生涯が開かれていくのである。

　一八六〇年に、彼女は「ナイチンゲール看護婦訓練学校」を創設した。彼女自身は病身のため、一度も教壇に立つことはなかったが、教師陣とは密接な連絡を取りあい、時に応じて学生を自宅に招いて真剣に指導している。これも個人教育、個人指導の有名な象徴である。

その卒業生は全世界に広がった。行き詰《づ》まり悩んだとき、傷心の卒業生たちは、彼女のもとにやってきた。ナイチンゲールは病弱をおし忙しい仕事の合間をぬって彼女たちと会い、一生懸命に激励をした。そしてふたたび元気になった卒業生たちは、勇気をもって彼女のもとからまた世界へと出発していったのである。

ナイチンゲールは、この訓練学校の学生と、卒業した看護婦たちにあてて、五十二歳のときから年一回の書簡《しょかん》を書きはじめた。そしてそれは、八十歳になるまで続けられたのである。それらの書簡はいわば公式の文書、教書であった。そこには「看護と科学と宗教（信仰）」というテーマが貫かれている。これは非常に鋭い視点である。また、永遠に崩《くず》してはならない〝看護の精神〟が脈打っている。

彼女が七十三歳のときに書いたある論文のなかで「《われわれ》がみんな死んでしまったとき、自《みずか》ら厳《きび》しい実践の中で、看護の改革を組織的に行う苦しみと喜びを知り、われわれが行ったものをはるかにこえて導いていく指導者が現《あら》われることを希望する！[11]」と、後世の弟子に対し、万感の思いを語っている。それは私にとっても同じ気持ちである。

こうしてフローレンス・ナイチンゲールは、輝く功績《こうせき》を残し、九十歳で眠ったまま没している。

ナイチンゲールの著作から

次に、ナイチンゲールの多くの著作のなかから、私が深く感銘した個所をいくつかご紹介しておきたい。

まず、彼女の信仰観についてふれてみたい。彼女は、病人を看護する者の関心は、科学的なものの見方にとどまってはならないと考え、こう述べている。

「ここに私たちの『人間性』、つまり人間仲間に対する私たちの情熱があらわれてくるのです。そして最後に、しかも最後にして最初に、『信仰』が出てくるのです[12]」

彼女は、看護をとおし、信仰というものが必要不可欠であることを痛感していたのである。では、信仰をどのようにとらえていたのか。

彼女はまず、人々にとって信仰がどのようなものであるかについて考察している。

「信仰とは何でしょうか。ある人にとっては自分自身が信仰であり、ある人にとっては褒《ほ》められること――他人が自分について思っていること――が信仰であり、またある人にとっては恐れ――他人が自分について言っていること――が信仰なのです。さらに出世することが信仰である人など、他にもいろいろありますが、ともかくもその人の行動の動機となる力、それが信仰なのです[13]」と。

そして「真の信仰」とは何かについて論究《ろんきゅう》し、こう結論する。

「しかし、真の信仰とは、その最高

の形においては《生活》に表われてくるものなのです。真の信仰とは、今自分がしているすべてのことに全力をつくして打ち込《こ》むことなのです」[14]

これらは、六十五歳の「書簡」の一文だが、的確にして鋭《するど》い洞察《どうさつ》であるといえる。信仰は生活に、また生き方に表れるものであり、そこに真の信仰の力がある。

また、彼女は、日々の生活のなかでの自己変革が肝要であることを強調している。

五十三歳の「書簡」を見ると「私たち女性の中には、自分の心や性格を《日々の生活》の中で改善していこうと真剣に考えるような人はごくわずかしかいません。しかも自分の看護のあり方を改善していくには、これが絶対必要になってくるのです」[15]と述べている。

いつの時代にあっても、人のうわさ話など無意味な語らいに時間を費《つい》やしたり、虚栄《きょえい》を追い求める人は多いが、真摯《しんし》に自己を見つめようという人は少ない。

しかし、すべては、自己自身の変革から始まるのである。生活も、事業も、教育も、政治も、また経済も、科学も、一切の原点は人間であり、自己自身の生命の変革こそがすべての起点となる。まさに日蓮大聖人《にちれんだいしょうにん》の教えに通じ、私どもの主張する人間革命にも通じている。

私は、百年前の一女性が、みずからそれを達観したことに対し、大きな驚きと感嘆《かんたん》とをおぼえる。

彼女の論文や書簡等からその宗教観を推察《すいさつ》すると、彼女は、硬直《こうちょく》したドグマや信条を排《はい》し、人間精神に関する普《ふ》遍的《へんてき》な真理を探求《たんきゅう》しようと努力していたようだ。私には、そうした心がよく理解できるし〝なるほど〟と首肯《しゅこう》せざるをえないものを感じる。

戸田先生はよく私どもに、アインシュタインのような超一流の科学者、あるいは思想家がもし大聖人の仏法にめぐりあったならば、狂喜して学んだにちがいない、と語っておられた。と同じように、ナイチンゲールが大聖人の仏法を知っていたならば、やはり心から喜んだことと私は確信する。

また彼女は「看護覚え書」のなかで次のように記している。

「何かに対して《使命》を感じるとはどういうことであろうか？　それは何が《正しく》何が《最善》であるかという、あなた自身がもっている高い理念を達成させるために自分の仕事をすることであり、もしその仕事をしないでいたら『指摘される』からするというのではない、ということではなかろうか」[16]と。

まさに〝いわれたからやる〟というのでは、使命感のうえの行動ではない。〝いわれなくてもやる〟——これが私どもの精神である。広布の実践においても〝いわれたからやる〟というのでは、使命感ではなく義務感である。そこには功徳《くどく》も少ないといわねばならない。

彼女は続けて「これが『熱中するということ』であり、自分の『使命』を全《まっと》うするためには（中略）誰もがもっていなければならないものなのである」「看護婦が自分自身の理念の満足を求めて病人の世話をするのでない限《かぎ》り、他からのどんな《指示》をもってしても、彼女が熱意をもって看護できるようにすることは不可能であろう」[17]と述べている。

このように、彼女は、みずからの使命をまっとうするためには、人から言われるまでもなく仕事に取り組まなければならない。それが「熱中するということ」であると強調しているのである。

今は、「熱中する」という姿勢が少なくなっているようにも思える。そうであっては断じてならない。それでは要領のみで終わってしまうからだ。〝熱中〟の姿勢をつねに堅持しているのが、指導部の方々である。若き世代の青年部のメンバーも、かくあるように期待したい。

また彼女は五十八歳の折の書簡で「人間は、男でも女でも（中略）なんと《偉大》でもありうれば、《卑小《ひしょう》》でもありうるのでしょう」[18]との言葉を残している。まことに人間の真実というものを鋭く見すえた言葉として印象に残っている。

私どもが、どのような生き方、信念を貫くかによって、偉大か卑小かが決まってしまうことを忘れてはならない。

四十歳のときに書いた書物には「多くの人びとは、自分の留守中や食事中、あるいは自分が病気で寝ている間は、世界はそのまま静止しているものだと信じ込《こ》んでいるように思われる。その間に病人に万一のことがあったとすれば、それは病人のせいであって、自分のせいではない、とでもいうのであろうか？（中略）

大事小事を問わず、何かに対して『責任をもっている』ということの意味を理解しているひとは――責任をどのように遂行《すいこう》するかを知っているひと、という意味なのであるが――男性でも、女性でさえも、なんと少ないことであろう。上は最大の規模の災害から、下はほんの些細《ささい》な事故に至るまで、その原因をたどってみれば（あるいは、たどるまでもなく）『責任をもつ』誰かが不在であったか、あるいはその人間が『責任』のとり方を知らなかったためであることが多い」[19]（看護覚え書）と述べている。

責任についての彼女のこうした洞察《どうさつ》は、あらゆる角度から考えぬいたすえに得た結論であったと強く感ずる。

現在は、俗に〝無責任時代〟などといわれるが、こうした風潮を、私は深く心配している。人間、とくに指導者たちは、いかなることにも自分で責任をとっていくことが当然であると思うからだ。無責任の風潮の彼方《かなた》には、取り返しのつかない大きな破壊《はかい》が待っていると思えてならない。また私どもの日々の活動にあっても、広布のリーダーの皆さまは、大きなことにも、また、ささいなことにも、全責任を負いながら、誠実なる実践を貫いてほしい。

現代は、あらゆる意味で多様化し、複雑化した社会といってよい。ゆえに、私どもにとっても、一つ一つの事象や命題をあらゆる角度から考え、深く洞察《どうさつ》しぬいていくことが、きわめて重要なのである。

ものごとに対する単純で一面的なとらえ方では、現代の多くの人々を納得《なっとく》させ、包含《ほうがん》していくことはできない。それでは、万年にわたる広宣流布への確実な軌道《きどう》を築いていくことは不可能なのである。

これまでも学会は、仏法の原則を堅持《けんじ》しつつも、あらゆることに柔軟《じゅうなん》に対応しながら、多面的な力強い活動を推進してきた。しなやかな判断力と強靭《きょうじん》なる実践力——これが、学会の飛翔《ひしょう》を支えた両翼ともなり、原動力ともなってきたことを知っていただきたい。

ナイチンゲールは「真実の英雄」について、「もし英雄というものが、他者のために崇高《すうこう》なことを行なう人をさすのであれば（それに対して高慢《こうまん》にならず、謙虚《けんきょ》そのものであるような人です。自分で自分を英雄だなどと思う人は、とるに足らない人間です）[20]」と述べている。

英雄といえば、ともすれば、華々《はなばな》しく傲岸《ごうがん》で誇《ほこ》らしげな姿を想像するかもしれない。しかし、彼女は「高慢にならず、謙虚そのものであるような人」こそ英雄であると言っている。自分ほど力があり、偉いものはないと思ったりする人は、真実の英雄ではない。決して傲慢《ごうまん》にならず、謙虚な人間であることこそ、英雄の条件なのである。学会の幹部も心して、この言葉をかみしめるべきであると思う。

自分を英雄だなどと思う人は「とるに足らない人間」であると彼女は言っているが、まったくそのとおりである。自分をたいした人物だとうぬぼれていても、戸田先生からみれば子どものようなものである。まして大聖人からみれば、赤子のごとき存在でしかない。そうした力のない人物にかぎって、傲慢《ごうまん》になるものである。

また「もし、日常の生活の〈小さなこまごましたこと〉においても、大きな出来事に対処する大仕事におけると同様に、あるいはそれ以上に、女性は誰も英雄となりうるものであるならば、毎日を他者のために働いている看護婦は、まさしく皆英雄となりうるのです[21]」（五十七歳のときの書簡）とも語っている。

華麗《かれい》な表舞台の大仕事のなかにのみ、英雄があるのではない。日々、〝他者のために〟心をくだき、黙々《もくもく》と献身している人のなかにこそ、ほんとうの英雄がいるのである。

皆さま方は毎日、だれに讃嘆《さんたん》されるでもなく、名声を博《はく》すわけでもなく、ただ人々の幸福を願って、真剣に信心に励み、広布に進んでおられる。その孜々《しし》としてけなげな地道の歩みは、どんなに華々しい英雄よりも、真実の大英雄であり、広布の英雄、人間の英雄であると強く申し上げておきたい。

彼女の五十二歳のときの書簡には、次のようにもある。

「自分のほうが他人よりも優《すぐ》れていると思っているような人は、自分こそ模範でありたいという考えの、虜《とりこ》になってしまっているにちがいありません[22]」

「自分がよい仕事に携《たずさ》わっているにもかかわらず、地位や階級や職分などについて、嫉妬《しっと》したりこだわったりすること（中略）このようなことで嫉妬する女性は、他人よりもむしろ自分を傷つけているのです[22]」と。

　また、こうも書き綴《つづ》っている。「シェイクスピア劇の主人公のひとりだったと思いますが、こう言っています。『私は一生懸命にがんばって浅ましい人間になった』。これはなんとも正直な言葉です。ある人々にとっては、その全生涯がまさにそのとおりなのです[23]」と。この言葉は人生を考えるうえで、たいへんに示唆《しさ》に富んでいるといえよう。

　たとえ、どれほど頑張ってきたとしても、名聞名利の虜《とりこ》になってしまっては何もならない。口先たくみにうまく泳ぎ渡っていこうとして、まじめな人々のなかにいられなくなり、結局は退転し反逆していくような浅ましい人間には、決してなってはならない。

　さらに、「近ごろは、人の噂《うわさ》話が多すぎます。みんながみんなの批判《ひはん》ばかりしあっています。また、人を除《の》け者にしてみたり、あるいは自分の気にいった人や、喜ばせてくれる人、あるいは出世する人なら誰でも好き、といった風潮に流されやすいようです。

　こういったごたごたの中にすっかりまきこまれてしまって、自分自身に深く根ざした心の静けさを失ってしまった人は、どこの病院や療養所に移っても心落ち着くことはないでしょう[24]」とある。

　まことに鋭《するど》い分析であるといってよい。私たちの信心の世界は、絶対にこのようなことであってはならない。

　ナイチンゲールは五十七歳のときの書簡で〝試練〟について述べている。これは看護婦の同僚や後輩たちに呼びかけたものである。

「愛する皆さん。私たちはいつも試練を受けています。（中略）私たちは試されており、それに耐えられるか否《いな》かは、あなた方の肩にかかっているのです。私たちが価値ある仕事をしている限《かぎ》り、この試練を通して私たちの価値が証明されるだけのことでしょう。喜んで試練を受けましょう。そして、ふるい落とされることのないように気を配っていきましょう[25]」と。

　試練のない人生は、弱く、頼《たよ》りない人生である。人は試練を経《へ》て強くなり、成長していくものだ。私たちが仏法を持《たも》ち、この大法を流布するがゆえに競《きそ》い起こる障魔、そして幾多《いくた》の人生における試練も、私たちにそれらを乗り越えゆく強盛な信心があるか否かを試している存在にほかならない。

　何ごとにも先駆的《せんくてき》な戦いは非難をあびるものだ。しかし、そのなかでこそ偉大なる価値が証明されていくのである。皆さま方は、広宣流布という未聞《みもん》にして最高の正義と価値を日々に証明しておられる、この世でもっとも尊い方々である。それゆえに少々の苦難や試練に負け、愚痴《ぐち》をこぼしたり、批判して退転するような愚《おろ》かな人になっては断じてならない。

　御聖訓にも「賢聖《けんせい》は罵詈《めり》して試《こころ》みるなるべし」（御書九五八㌻）——賢人聖人は罵詈して試みるものである——

と仰《おお》せである。どうか皆さま方も、いかなる試練も喜んで受けきり、一人も残らずさっそうと前進しゆく賢者であっていただきたい。

その書簡のなかでナイチンゲールは「(不平と高慢と我欲に固まった、度《ど》し難《がた》い人間、《そういう》人間だけには《なりたくない》ものです。)そして演劇の合唱隊みたいに、二分おきに『進め、進め』と大声で歌いながら一歩も足を進めないような人間にだけはならないようにしようではありませんか(26)」と呼びかけている。

私どもは前へ前へと広宣流布を推進している。〝進まざるは退転〟との戒《いまし》めを胸に、だれもがそれぞれの立場で活動に励んでいる。大学教授であれ、会社の重役であれ、名もない庶民であれ、仏法の世界における実践はすべての人々において平等である。

しかし、「前進、前進」と訴えているだけの活動は、当然カラ回りになる。広宣流布の活動においては、何よりも自行化他《じぎょうけた》にわたる信心の実践が根本である。

「自行」と「化他」の実践は、まさに車の両輪のごとく、たがいに不可欠《ふかけつ》の関係にある。飛行機にしても船にしても、いくら轟音《ごうおん》をうならせても、エンジンだけが空《から》回りしていては前進しない。極言すれば、題目は真剣にあげるが、広布のため、人々のためとの「化他」の行動がないというのでは、完璧《かんぺき》なる信心とはいえないのである。

この意味からも、信心というエンジンを全開させ、人々の幸せを願いながら日夜、活動に励む皆さま方の歩みにこそ、仏法の行き詰《づ》まりなき普遍《ふへん》の法理に則《のっと》った大道があることを深く確信していただきたい。

御聖訓のままに信念の道を

「妙法比丘尼《びくに》御前御返事」に「女人《にょにん》の御身・男にもをくれ親類をも・はなれ一二人ある・むすめ《娘》もはかばかしからず便《たよ》りなき上・法門の故に人にも・あだまれさせ給ふ女人、さながら不軽《ふきょう》菩薩《ぼさつ》の如し、(中略)されば女人は由《よし》なき道には名を折り命を捨つれども成仏の道はよは《弱》かりけるやと・をぼへ候に、今末代悪世の女人と生れさせ給いてかかるものをぼえぬ島のえびす《夷》にの《詈》られ打たれ責《せめ》られしの《忍》び法華経を弘めさせ給う彼の比丘尼には雲泥勝《うんでいすぐ》れてありと仏は霊山《りょうぜん》にて御覧《ごらん》あるらん、彼の比丘尼の御名《みな》を一切衆生喜見仏《きけんぶつ》と申すは別《べち》の事にあらず、今の妙法尼御前の名にて候べし」(御書一四一九ジ)と仰せである。

この御文では日蓮大聖人は、妙法尼御前に――あなたは女人の御身として、夫に先立たれ、親類からも離れ、一人二人ある娘もあまりしっかりしておらず頼りにならない。そのうえ、法華経の法門のゆえに人にもあだまれている。それは、まさに不軽菩薩のようである。

女人は、つまらない世間の道には、名をけがしたり命を捨てるけれども、成仏の修行の道には弱いだろうと思っていた。ところが今、末代悪世にあって女人として生まれ、このようにものごとの道理をわきまえない島(日本)

の野蛮《やばん》な人々に、ののしられ、打たれ、責められながら、それを耐えしのんで法華経を弘《ひろ》めておられる。かの釈尊の姨母《いぼ》（おばであり義母であった）で仏教史上女性として初めて出家したといわれる摩訶波闍波提比丘尼《まかはじゃはだいびくに》と、雲泥の違いがあるほど、すぐれておられると、仏は霊鷲山《りょうじゅせん》であなたのことを御覧になっているでしょう。かの比丘尼は、法華経で成仏の記別《きべつ》を受け「一切衆生喜見仏（一切の人々が喜んで仰ぎみるような仏）」という名前を授けられているが、それは別のことではない。苦難に耐えて信心に励んでいる今の妙法尼御前、あなたのことなのですよ――とおほめになっている。

仏、つまり大聖人から、おほめいただくことが最高の名誉であり、幸せなのである。愚人にほめられることは、人間として最低の姿である。大聖人におほめをいただけるような自分であるかどうか、この一点に信心の精髄《せいずい》があることを知っていただきたい。

「願兼於《がんけんお》業《ごう》」とは、妙楽大師の『法華文句記《もんぐき》』にある言葉で、「願《ねがい》、業《ごう》を兼《か》ぬ」と読む。これは、みずから願って悪業をつくり、悪世に生まれて妙法を弘通《ぐつう》するとの意味である。

つまり、仏道修行によって安住の境界に生まれるべきところを、苦悩に沈む一切衆生を哀《あわ》れむがゆえに、みずから願って悪業をつくり、悪世に生まれて、民衆の苦悩を一身に引き受けながら、仏法を弘通することである。

戸田先生は、この「願兼於業」を、地涌《じゆ》の菩薩の眷属《けんぞく》であるわれわれの、信心の自覚のうえから敷延《ふえん》させ、指導してくださった。それは、私が初めて参加した昭和二十三年の夏季講習会であったが、戸田先生は次のように言われている。

「われわれは、未曾有《みぞう》の乱世に生まれ、仏の使いとしての使命を果たさんがために、願って凡夫《ぼんぷ》の姿となって、広布に進んでいるのである。どのような立場であろうと、すべて自分が願ってきたのである。そのわれわれが、いつまでも凡夫の姿にとらわれて、じつは仏の生命をもっているのだとの自覚を忘れてしまえば、いま巷間《こうかん》にみられる、あの浅はかな人びとの姿となんら変わりがなくなってしまう」と。

凡夫であるがゆえに、われわれはさまざまな苦悩にとらわれるかもしれない。しかし、現在の状況がどのようなものであっても、あえてそれを願い、広布に生きるために生まれてきたのである。どうか、そのみずからの使命を自覚し果たしていく、仏法者としての尊い生涯を生きぬいていただきたい。

＊ナイチンゲールの出典については、〈1〉〈2〉〈3〉〈4〉〈5〉〈6〉〈7〉〈8〉は、セシル＝ウッダム-スミス『クリミアの天使〈ナイチンゲール〉』吉田新一訳、学習研究社。〈9〉は、セシル・ウーダム・スミス『フロレンス・ナイチンゲールの生涯（下）』武山満智子・小南吉彦訳、現代社。〈15〉は、『フロレンス・ナイチンゲールの生涯（上）』。〈16〉〈17〉〈19〉は、『ナイチンゲール著作集1』薄井坦子・小玉香津子・田村真・金子道子・鳥海美恵子・小南吉彦編訳、現代社。〈11〉は、『ナイチンゲール著作集2』薄井坦子・小玉香津子・田村真・小南吉彦編訳、現代社。〈10〉〈12〉〈13〉〈14〉〈18〉〈20〉〈21〉〈22〉〈23〉〈24〉〈25〉〈26〉は、『ナイチンゲール著作集3』薄井坦子・小玉香津子・田村真・金子道子・鳥海美恵子・小南吉彦編訳、現代社。

社会部・女子部の合同研修会より

ノーマン・カズンズの「奇蹟《きせき》の生還《せいかん》」

1986・10・19

〝アメリカの良心〟といえば、かつてジャーナリストとして活躍し、現在はカリフォルニア大学医学部教授で、学生のための人文教育にたずさわっているノーマン・カズンズ氏である。来年、訪米した折にはぜひお会いして会談したいと思っている。

ノーマン・カズンズ氏は、本年で七十一歳になる（一九九〇年没）。主な著作として『人間の選択』が有名であり、また最近邦訳された『私は自力で心臓病を治した』がある。また、自身の膠原《こうげん》病を克服した体験をつづった『五〇〇分の一の奇蹟《きせき》』もよく知られている。

いずれの著作も、そこに説かれている内容は、かつて戸田先生が「医学や科学が進めば進むほど、仏法の正しさが証明されるようになる」といわれたように、仏法の正しさを証明するものとなっている。

カズンズ氏は以前、広島の被爆乙女をアメリカに連れていって手術を受けさせ、日本でも大きく報道されたことがある。

彼は四十九歳のとき、膠原病に見舞われ、また六十五歳のときに心臓病で倒れた。しかし、いずれも乗り越え、死の淵《ふち》から生還《せいかん》したという経験をもっている。こうした経験をくぐりぬけているだけに、その生き方には共鳴するところが少なくないし、そこからの発言には、傾聴《けいちょう》すべき点が多々あると私は思っている。

きょうとくに紹介したいのは、彼の『五〇〇分の一の奇蹟』（松田銑訳、講談社）という著作である。そこには、仏法に通ずる論調が多く見られる。そればかりか、私どもが信心のうえから指導し、主張してきた論調の正しさを証明する内容がふくまれているからである。その意味から、少々むずかしくなるが、お話ししておきたい。（以下、引用・参照は同書から）

先ほど申し上げたように、カズンズ氏は、四十九歳のときに突然、膠原病に見舞われた。主治医からは、「専門家の一人が全快のチャンスは五百にひとつだと言った」ことを打ち明けられる。そのときに彼は「その五百人中の一人になるつもりなら、当然のこと、単に受身の傍観者に甘んじていてはだめだ」と思ったという。そして、主治医の理解ある協力のもと、当時の医学の常識からすれば、いささか破天荒《はてんこう》ともいえる積極的治療を試みて、見事《みごと》に死の淵《ふち》から生還《せいかん》した。

主治医の理解ある協力もあったが、

自分の生きようとする強い意志によって、奇跡が起きたわけである。これも意味があると思う。私どもが、〝信心の力を根本にすれば、必ず病気を克服《こくふく》できる〟と指導しているのも同様である。

しかし、カズンズ氏の場合も、思いきった治療法だったとはいえ、決して医学というものを無視したわけではない。

私どもの場合にあっても、信心を根本に、自身の生命力を湧現《ゆげん》させながら、医学の力を最大限に活用していく。いわば、諸天善神の働きとして生かしきっていく――そこに信仰の意義があるといってよい。それをわきまえずに、医学をまるで否定するかのように、信心のみを強調して、人の誤解をまねくような言動や指導はつつしんでいかなくてはいけない。

カズンズ氏は「この病気の経験全体からわたしが引き出した結論は何かと言えば、第一に、生への意欲というものはたんに理論的 抽象《ちゅうしょう》ではなくて、治療的な特徴を持つ生理学的実在だということである。第二に、わたしの主治医が、医師の最大の任務とは患者の生への意欲を最大限まではげまし力づけ、病気に対する心身両面の自然の抵抗力を総動員させることであるという認識を持つ人であったのは、本当に信じられないほどの幸運であった」と述べている。

私も、彼の指摘するような認識をもった医師こそ、本当の医師であると思う。

また、「わたしはこれまでに、病気が悪化の一途を辿《たど》っており、治療の手はないと専門家に宣告された時、どう思ったかとよく尋《たず》ねられた。その答えは簡単である。わたしはその宣告に服《ふく》さなかったから、いわゆる不治《ふじ》の病気につき物の恐怖と落胆《らくたん》と狼狽《ろうばい》のサイクルにはおちいらなかった」と示している。

カズンズ氏の、この〝宣告に服さない〟という信念は、力強く生きようとする〝生への選択〟であり、ひとつの信仰にも通じよう。

ましてや、妙法を受持した私たちは、より大きな信念をもっていきたいものだ。私たちには御本尊がある。御書がある。そして同志がいる。じつに、すばらしい環境《かんきょう》に身を置いているのである。しかも妙法を受持して大病を奇跡的に克服した数多くの体験もある。

この事実を、また正法を、正しく見ようともせず、偏見《へんけん》の眼で見るいわゆる知識人もまだまだ多い。大聖人が「一闡提人《いっせんだい》と申て謗法《ほうぼう》の者計《ばか》り地獄守《もり》に留られたりき彼等がうみ《生》ひろげ《広》て今の世の日本国の一切衆生となれるなり」（御書九五九ページ）――一闡提人といって謗法の者だけは、地獄の獄卒に留められたのである。彼ら一闡提人が生み広げて、今の世の日本国の一切衆生となったのである――と示されているとおりの姿である。

それに対し、世界の一流の人といわれる人は、カズンズ氏のように、たいへん仏法に近い哲理を堅持しているといえまいか。

またさらに、「しかし、だからと言って、わたしが事の重大さをまったく気にしなかったとか、始めから終りまで朗《ほが》らかだったとかいう訳では決してない。身体を動かせないという事実だけで、自分の病状は専門家たちが本当に憂慮《ゆうりょ》しているケースなのだという証拠には十分だった。しかし心の底では、わたしはまだまだ回復の見込《みこ》みはあると知っていて、一挙逆転勝ちという考えを楽しんでいた」とも語っている。

こうした考え方は、その人なりの信念の力ともいえよう。私たちもそうした決心でいきたい。

各種調査では、医師のもとを訪れる患者の九割までが、自分の身体の治癒力で病気を治せるのに、自分の力では治らないと決めてかかっているという。そうした状況をふまえて、カズンズ氏は、「もっとも役に立つ医師」とは、特別な治療を施さなくても、自分の治癒力を発揮し治していける患者か、それができない患者かを、きちんと見極められる医師であると指摘している。

これを患者の立場からみると、ちょっとした病気でも大げさに考えたり、大病といわれれば、死ばかり考える。いかに生きるかが大事であることを忘れて、よけいに病気を進行させている場合も多々あるようだ。その意味においても、正しき信仰、信念の力がどれほど重大であるかを、彼の言葉は示唆《しさ》しているといってよい。

「生命力」発揮しゆく根本は信心

戸田先生はよく「生命力」という言葉を使われた。また「病気と死とは別問題である」とも話された。

カズンズ氏は「わたしはもう一つのことも学んだ。それは、たとえ前途がまったく絶望的と思われる時でも、人間の身心の再生能力を決して過小評価してはならぬということである。生命力というものは地球上でもっとも理解されていない力かも知れない」とも指摘している。

こうした心身の両面をとらえた「生命力」との見方は、戸田先生の指導に通ずるものがあり、仏法に近づいた考え方であると私は思っている。つまり、彼の論理は、妙法を唱えることにより、境涯《きょうがい》を拡大し、生命力を最大限に発揮していける私どもの信仰の一分に通じるものだからである。

カズンズ氏は、さらに続けて述べている。「ウイリアム・ジェイムズは、人類はともすれば、自分で設けた枠《わく》の中に閉じこもって生き過ぎると言った」と。

ジェイムズ（一八四二―一九一〇年）は、アメリカの思想界をリードした哲学者・心理学者の一人で、実用主義（プラグマティズム）の先駆者《せんくしゃ》である。

たしかに、人はともすると、自身の狭小な枠におちいりやすい。その枠を動かない常識と考え、定まった既成事実ととらえるのが人の常であるかもしれない。そうした既成概念の枠を自分自身の生命力で打破しながら、無限大に境涯を開いていこうとするのが仏法であり、その具体的な実践が妙法の信心なのである。

また「人間の精神と肉体の双方に、生まれながらに完全性と再生《さいせい》を求めてつき進む力が備《そな》わっている。われわれがその自然の力にもっと十分の敬意を払《はら》うようになったら、その枠《わく》がうんと拡《ひろ》がっていく可能性がある」と論じている。

つまり、この生命にそなわった本然の力を守り育てることこそ、人間の治癒力《ちゆりょく》をもっと発揮させていくことになるのである。これもまた、仏法の法理にかなった論調である。つねづね私どもが主張し実践してきた哲学のひとつであるといってよい。

カズンズ氏は、次のようにも記している。「わたしは入院中に、病院が驚異的《きょういてき》な科学技術の形で提供し得る一切のものよりも、同情の雰囲気《ふんいき》のほうがずっと患者の助けになるという確信を抱いた」と。

ここでいう同情とはいわゆる〝安同情〟ではなく、あたたかな生への励ましであり、また、生きゆく勇気を与えていく激励であるにちがいない。真にその人を思ってくれる慈愛のほうが、科学技術の粋《すい》を集めたその治療よりも、はるかに患者の助けとなるというのである。

これは、医療の最前線にたずさわってこられた「白樺《しらかば》グループ」の方々の伝統精神である。また、学会の組織のなかでの数えきれないほどの体験が証明しているところでもある。

カズンズ氏はまた、病院や医師について「一番問題にされるべき点は、患者にここは自分のいるべき場所だという確信を抱かせ得るかどうか、患者に自分を治そうとしている人々への信頼を持たせ得るかどうか、一言で言えば、患者にここにいればよくなるという期待を持たせ得るかどうかである」と指摘している。

たしかに、患者にそうした期待をもたせられるならば、どれほどか心強い励ましと、治癒《ちゆ》への力となるか計《はか》り知れないであろう。

戸田先生はつねに、人間の生命の中には、すべての薬をつくる製薬工場がある、と指導された。カズンズ氏もこれと同じことを述べている。すなわち「丸薬《がんやく》に魔力があるからではなくて、人体そのものこそ最良の薬屋であり、もっとも効験《こうけん》のある処方箋《しょほうせん》は人体の書く処方箋だからである」と。

カズンズ氏は「薬屋」、戸田先生は「製薬工場」と、表現は異なるが同一のことを指している。

カズンズ氏は次いで「精神と肉体とが本当は別々のものではないという証拠である。病気は常に両者の間の相互作用であって、精神から始まって、肉体に影響することもあれば、肉体から始まって、精神に影響することもあり、その両方の場合とも同じ血流の作用を受けている」と述べている。

これは、仏法で説く色心不二《しきしんふに》論に通ずる見識であり、さらに仏法を志向《しこう》した考え方であるといえよう。

第一回茨城県記念総会より

心の医療の場・ホスピス

1988・2・27

ある記者から「ホスピス」についての所感を求められた。「ホスピス」とは死期をひかえた人への医療と介護《かいご》の施設《しせつ》のことである。学会として、その意義についてどう考えるか。宗教者としてその動向をどうとらえるか。また学会がホスピスをつくる用意はあるのか等々、くわしく見解をたずねられた。健康や医療《いりょう》への関心を強める現代人の動向をとらえ、鋭《するど》い質問だった。

時代はたしかに、高齢化社会の進展につれ、「健康」という問題への関心を、急速に深めている。いかに寿命《じゅみょう》が延びたとしても、決して「死」の問題が解決したわけではない。いな、むしろ医学が発達し、老齢期が長くなればなるほど、「生」と「死」の問題は深刻さを増すばかりである。

医療機具で、ただ〝生かされている〟だけの「生」、脳死、非人間化する医療、老人の生きがい、孤独、そして痛みと「死」の恐怖……。

生と死、そして生命が、今や文明的課題となって真剣に問われ、解答が模《も》索《さく》されている。その意味から、「ホスピス」や「脳死」の問題は、仏法者である私たちにとっても避《さ》けて通れぬ課題であると思っている。

「生」と「死」、また「健康」といった問題に、信仰者として無関心でいるわけにはいかない。病《やまい》に苦しみ、死を間近に感じている人はあまりにも多い。また、妙法を持《たも》った同志のなかにも、病に臥《ふ》している人も少なくないのが現実である。そうした方々を少しでも励《はげ》まし、勇気づけ、安心をあたえてさしあげたいと、私は日々、真剣に御本尊に祈り、またあらゆる手をつくし、激励《げきれい》している。

また、生死《しょうじ》の真の解決のためには、確かな死生観、人生観を確立することこそ急務である。ゆえに、現代のさまざまな問題に対し、深き仏法の視点から光を当《あ》て、本質的な解決への緒《いとぐち》を少しでも提示できればと、私は思っている。

ともすれば、西洋近代医学は、「死」をできるかぎり回避《かいひ》しようとして、「生」に執着《しゅうちゃく》してきた。そのために多大の進歩をうながした点は認めなければならない。しかし、末期癌《がん》や難病等で治癒《ちゆ》の見込みがほとんどなくなると、完全にほどこす術《すべ》を失い、途方《とほう》にくれてしまうことも少なくないようである。

だが、死を間近にひかえた患者《かんじゃ》でも、残された時間を有意義に、自分なりの生きる意味を見つけながら生きていくことは可能なはずである。そのために医療《いりょう》関係者として何か援助はできないものだろうか。こうした発想から生まれたのが、ホスピス・ケアである。残された「生」の充実と、心安らかな「死」を迎えさせるために、思いやりのある人間らしい広範囲のケア（援助、介護《かいご》）を行うことを目的とする。

　こうしたケアには、家庭でできるものもあるが、そのための特別な施設《しせつ》やプログラムを「ホスピス」と呼ぶといわれる。

　『医科学大事典』（講談社）によれば、死の遠くない患者のための施設に「ホスピス」の名をつけたのは、アイルランド慈善尼僧会の創設者、メアリー・エイケンヘッド女史である。もともとホスピスとは、中世に聖地を旅した巡《じゅん》礼者《れいしゃ》用の施設の名称であり、ヨーロッパに点在するホスピスでは食事や宿泊をし、あるいは旅を続けられるように精神的な励ましを得ることができた。エイケンヘッド女史は、「人間の死は一つの通過点であり終着地ではない」という考えによって、末期患者《かんじゃ》のための施設をホスピスと名づけたという。

　このホスピスという言葉は、ラテン語の「ホスペス」に由来《ゆらい》する。「ホスペス」には「ホスト（主人）」と「ゲスト（客）」の両方の意味があった。この言葉が病院を意味する「ホスピタル」や、親切に遇《ぐう》する意味の「ホスピタリティ」にもなったといわれる。

　語源の「ホスペス」に〝ホスト〟と〝ゲスト〟の両方の意味があること、そして〝病院〟と〝親切にもてなすこと〟が同じ起源をもつことは、看護する側とされる側のあり方、また病院、医療の本来の姿などを考えるうえで、深い示唆《しさ》をあたえている。

　病院の淵源《えんげん》は、古くにさかのぼる。サンドル・ストダード女史の『ホスピス・ムーヴメント』（高見安規子訳、時事通信社）によれば、大要、次のようになる。

　ホスピスのルーツ（起源）となる施設が誕生したのはローマ時代のことである。だが、そのルーツの正確な時期と場所はわからない。

　この頃、ローマでは、キリスト教徒への苛烈《かれつ》な迫害《はくがい》が続いていた。多くの人々が、火あぶりに処《しょ》され、またライオンの餌食《えじき》となって、殉教《じゅんきょう》の茨《いばら》の道を歩んだ。

　いかなる宗教、思想であれ、広範な人々に受け入れられ、世界性を獲得するまでに、激《はげ》しい既成勢力の弾圧を受けることは、歴史の方程式といってよい。

　そうしたなか、ホスピスのようすを伝える資料の一つによれば、ファビオラという富裕《ふゆう》な一婦人は、人目をはばからずキリスト教徒となり、疲れた巡《じゅん》礼者《れいしゃ》たちへの憩《いこ》いの家を開いた。そこでは、だれでも食物と宿があたえられたほか、病人には手厚い看護がほどこされ、治癒《ちゆ》しない場合も、最期《さいご》までやさしく看取《みと》られた――。

　教義の高低浅深は別として、強烈な迫害《はくがい》に屈せず、一人決然と立ちあがった婦人の姿は、まことに立派である。

学会の婦人部の皆さまの活躍にも相通ずる姿であり、いつの世も新たな歴史が開かれるときには、必ずといってよいほど陰《かげ》に婦人の力があるという一つの証左《しょうさ》とはいえまいか。

さらにこの『ホスピス・ムーヴメント』によれば、これに先立つギリシャ時代にも、エピドーラスと呼ばれた一種の治療施設が存在した。それは、今日の巨大な医療センターに似ていた。そこには洗練された浴場、衛生的な検査・治療室、体育館、円形劇場、精巧《せいこう》な神殿までが完備されていた。そこで、さまざまな湯治《とうじ》、食事療法、また観劇や宗教的な行動による情緒《じょうちょ》の安定など、精神、肉体の両面にわたるきわめて高度な治療がほどこされた。催眠《さいみん》療法といった先端的な方法も行われていたようだ。

しかし、このようにすばらしい施設《しせつ》にも、重大な欠陥《けっかん》があった。エピドーラスには、「治る望みのない病気をもった者は別」との条件があり、死を間近にひかえた患者《かんじゃ》へのかかわりを拒否した。末期の患者は行き場を失い、野原や街路に最期《さいご》の姿をさらさねばならなかった。

なぜ、エピドーラスは、死にゆく病人を拒《こば》んだのか。それは、施設の評判、イメージが、ひとえに患者の回復率にかかっていたからだという。

当時、エピドーラスの経営の苦労は並たいていではなかった。収入は回復した患者の謝礼だけであったのに、経費は年々増加する一方であった。政治家も多額の金を税金として巻きあげた。ゆえに経営者は、ひたすら患者の治癒《ちゆ》・回復に力をそそぎ、いきおい死者への無関心が進んだ――。

こうした風潮は、現代の医療制度にもある意味で通ずる、との厳《きび》しい指摘《してき》もあるようだ。

ともあれ、ホスピスが現代医学への深刻な反省から誕生したことはまちがいない。

アメリカでは、すでに千七百の施設があるという。それに対し、日本では、キリスト教系のホスピスが数カ所である。近年、仏教界でも、ホスピスへの取り組みが見られる。

ホスピスにおける医療は、たんなる身体の治療にとどまらない。「身体的な痛み」に加え、「精神的な痛み」(不安、恐怖《きょうふ》、孤独など)、「社会的な痛み」(経済的な問題、家族関係等の人間関係にまつわる課題など)、そして「宗教的な痛み」(死と死後の世界への不安など)といった苦しみに対し、どうケアしていくかに医療の基盤《きばん》がある。(前掲『医科学大事典』)

その最大の課題は、癌《がん》末期における激《はげ》しい痛みに苦しむ患者、あるいは難病等、不治《ふじ》の病《やまい》と宣告されて絶望におちいった患者に対して、どのように生きる意欲をわきたたせ、人生の最終章を勝利で飾《かざ》れるようにケアしていくことができるかという点にある。

現代のホスピス誕生の原点も、まさにここにあるように思う。それゆえにこそ、宗教的な問題まで含めての全人的なケアが要請《ようせい》されるのである。

具体的にいえば、たとえば、家族や友人が自由に、いつでも面会できるように配慮《はいりょ》することも必要であろう。また患者も、可能なかぎり、本人の希望どおりに外出・外泊ができるようにすることも望ましいと思われる。このようなケアが、患者の孤独を癒《いや》し、人間関係の悩みを乗り越える援助となるのみならず、充実した生への原動力になるのではなかろうか。

　また、肉体的な痛みに対しては、医学的な処置（ペイン・クリニック）により、十分に取り除き、痛みに心身をさいなまれない平静な生が送れるように援助することも、場合によっては必要かもしれない。

　しかも、もっとも重要な点は、「宗教的な悩み」についての対応である。医療関係者自身が、患者の死への不安、恐怖を避《さ》けるのではなく、真正面から取り組み、共感しつつ、話しあい、ともに死と対峙《たいじ》できるだけの生死《しょうじ》観《かん》を確立しゆくことである。医師や看護婦が、患者の闘病の姿、また医学のみならず、哲学、文学、宗教等から人間の死について謙虚《けんきょ》に学びつつ、生命への洞察《どうさつ》をつねに深めゆく場こそ、ホスピスといえるのではなかろうか。

　このようにして、患者《かんじゃ》がもっとも人間らしく、また安らかに死を迎えられるよう、細心の看護を進めていくことが、ホスピス・ケアの根本条件なのである。

広布の組織こそホスピスの理想

　死期を間近にひかえた人々に対するこうした手厚い看護や治療が、これからますます重要になっていくことはまちがいない。とくに日本では、ホスピス・ケアの制度や環境が未発達であり、今後、十分に末期患者へのケアが推進できるよう、手をつくし、制度を整《ととの》えていくことが大切であろう。

　しかし、建物や制度には、おのずと限界があることも確かである。とりわけ、病《やまい》に苦しむ人々の精神的苦痛をいかに打開していくかということを考えれば、周囲の人々との〝心のネットワーク〟がさらに大事になってくるにちがいない。

　ある場合は、特別な入院の施設《しせつ》や制度はなくとも、家族や友人、また地域の人々との〝心の絆《きずな》〟が病《や》める人をつつみ、励《はげ》まし、蘇生《そせい》させていく。死にゆく場合も、豊かな安穏《あんのん》の心で最期《さいご》を迎えられるよう、自発的な人々が最大限に心をくばっていくことが、〝ホスピス・ケア〟の役割を果たすと、私はみたいのである。

　その意味から、私は、学会の組織には、一次元からみるならば、〝ホスピス〟の理想に通ずる姿があると思えてならない。

　かつて、ある著名《ちょめい》な作家が、学会員の献身的《けんしんてき》な姿に感銘《かんめい》を受け、「現代の本当の菩薩《ぼさつ》の姿がここにある。こうした活動は、今や創価学会にしかないであろう」と述べていたことが、私には忘れられない。

　たしかに、悩める友がいれば、つねに誠心誠意をつくし、祈り、行動するのが、学会員である。事故があったと聞けば、輸血に、連絡に、さまざまな手配に、必死に奔走《ほんそう》し、手をつくす。わが同志のこうした誠意、真心は、親類・縁者をもしのぐ場合がある。

死期を迎えた人に対しても例外ではない。最後の最後まで、学会員の真摯《しんし》な励まし、あたたかな心くばりはやむことがない。それに加え、ドクター部や白樺《しらかば》会・白樺グループの方々もさまざまな相談にのり、応援を惜《お》しまない。

兄弟や親戚《しんせき》ですら、財産等をめぐって争いの絶えない現代である。たがいに守りあい、励ましあう学会のような人間共和の世界は、砂漠《さばく》のオアシスのごとき、まことに稀有《けう》にして貴重な存在であると、ある社会的にも著名な一会員が確信をもって語っていたことがあった。

こんな話を聞いたことがある。夫婦で信心したが、ともに有名大学を出たせいか、なんとなく学会を見くだし、信心にも形式的な一家がいた。ところがある日、愛息《あいそく》が交通事故に遭《あ》った。そのときの夫婦の狼狽《ろうばい》はかくしようもないものであった。親戚《しんせき》の動揺《どうよう》も深刻である。そんなときに真剣に祈り、奔《ほん》走《そう》してくれたのが学会の人たちであった。

その夫婦は、いざというとき、言葉だけでもない、立場からでもない、ただ真心をつくして自分たちを心から励《はげ》ましてくれた、その崇高《すうこう》な姿が一生忘れられない、と後日語っていたという。

こうした例は、枚挙《まいきょ》にいとまがない。妻の死や兄弟の死、ある場合には父や母の病《やまい》のときの、涙の出るほどの手厚い励ましや奉仕の姿に感謝している手紙が数多く本部にも寄せられている。また皆さま方も日常よくご存じのことであろう。

学会こそ、まさに庶民の世界である。これこそ学会の強みといってよい。

かつて、ある外国人研究者が座談会に出席し、感嘆していた。ここには、年配者もいれば青年もいる。社長もいれば労働者もいる。あらゆる職業の、あらゆる人が集《つど》い、ともに人生を語らい、仏法を語らい、ともに祈り、ともに人間向上のために励ましあっている。哲学を語り、生活を語り、世界観を語り、人生観を語り、皆が喜々《きき》としてたがいのために幸福世界をつくっている……と。

こうした会合が全世界に広がれば、権威《けんい》だけの政治家などいらなくなる。

真の「生死」の解決は妙法に

もっとも大切な人間の「生死《しょうじ》」について、大聖人は、富木常忍《ときじょうにん》の母の死をとおして「生死の理《ことわり》を示さんが為《ため》に黄《こう》泉《せん》の道に趣《おもむ》く」（御書九七七ページ）――（母堂《ぼどう》は）生死の理を示さんがために、黄泉の旅（死後の世界）へと赴《おもむ》かれたのである――と言われている。

「死」によって、今世《こんぜ》の生は終わるかもしれないが、生命そのものがなくなるわけではない。生命は永遠であり、生きては死に、死んでは生まれるという生死の理を示すために、仮の姿としての「死」があるにすぎない。

ゆえに、妙法に照らされた生死であれば、いたずらに「死」を恐れる必要もないし、だれもが示す「生死」の一つの実相として、達観していけばよいのである。大事なことは、現在生きているこの「生」を、最終章までいかに価値的に、充実させて生きるかである。

大聖人は「御義《おんぎ》口《く》伝《でん》」に、次のように仰《おお》せである。

「日蓮等《ら》の類《たぐ》い南無妙法蓮華経と唱え奉る者は一同に皆共《かいぐ》至《し》宝処《ほうしょ》なり、共《ぐ》の一字は日蓮に共する時は宝処に至る可《べ》し不共《ふぐ》ならば阿《あ》鼻大城《びだいじょう》に堕《お》つ可し」（御書七三四ページ）——大御本尊を信じ、南無妙法蓮華経と唱え奉る日蓮大聖人の門下は、一同に「皆、共に宝処《ほうしょ》に至る」、すなわち成仏することができる。この「共《とも》に」という「共《ぐ》」の一字は、日蓮大聖人と「共に」いる。つまり大聖人を信ずるときには「宝処」に至り、成仏することができる。しかし、大聖人と「共でない」ときには、すなわち、不信の念を起こして退転してしまえば、無《む》間地《けんじ》獄《ごく》に堕《お》ちてしまうことを示している——と。

この御文は、法華経化城喩《けじょうゆ》品《ほん》の文についての大聖人の「御義《おんぎ》口《く》伝《でん》」である。

「皆《かい》」とは、地獄界から仏界にいたるまでの、すべての境界《きょうがい》の人々をいう。「共」とは、方便品《ほうべんぽん》の「如我《にょが》等無《とうむ》異《い》（我が如く等しくして異なること無からしめん）」（妙法蓮華経並開結一三〇ページ）——一切衆生を仏と同じ境界に入らしめるということである。「宝処」とは霊鷲山《りょうじゅせん》のことで、大御本尊のましますところであり、また成仏という最高の幸福境涯をいう。

「至《し》」とは、「宝処」に至る、つまり最高の幸福境涯を得ることができるとの意である。

これらをふまえて、大聖人は、御本尊を信受し、妙法を唱え、広宣流布に進みゆく人はすべて、御本仏日蓮大聖人と「共に」いる、すなわち、成仏という永遠に崩《くず》れることのない、幸福と安穏《あんのん》の境地を自分のものとすることができると仰《おお》せなのである。

ゆえに、その正しき信心を教えてくれる学会の組織と「共に」進んでいくことが大事なのである。

人生の「生死《しょうじ》」の姿は、ある意味で「方便《ほうべん》」であり、「化城《けじょう》」にすぎないかもしれない。しかし、その「生死」のなかに、幸福にして安穏な人生を送っていきたいというのが、人類共通の願いである。

とくに「死」は、現世《げんせ》の人生の終末であり、死後の生命が明確に自覚しがたいこともあって、人間の大きな恐怖であり、不幸ともされてきた。しかし「死」をたんなる諦《あきら》めとしてとらえるのでは、本当の問題解決とはならない。ホスピスは、死を看取《みと》るということによって、医療の側面から、この問題に一つの解決の道を見いだそうとするものといってよい。

結論からいえば、三世にわたる本当の生命の〝安楽〟は、現実の「生死」のなかに、仏界という尊極《そんごく》、無上の境界を涌現《ゆげん》する、妙法への信心によって築けるのである。

そのための、根本的な法と実践を教え、広めているのが、私ども創価学会である。その使命は限りなく深く、重要である。

文京、北、板橋区記念合同支部長会より

妙法のナイチンゲールの尊《とうと》き使命

〜『外科東病棟』の著書を通して〜

1988・11・11

学会には、ドクター部、白樺《しらかば》会、白樺グループという、医師、看護婦《かんごふ》（現・看護師）の立場で活躍されている方がたくさんおられる。病《やまい》に悩む人々とじかに接し、生命を守りゆく仕事は、なみたいていの心構えではできるものではない。的確な判断と冷静な対応、そして何より忍耐《にんたい》と慈愛に貫《つらぬ》かれた人格が要請《ようせい》される職業だといえよう。

その意味から、どのような仕事にもそれぞれの使命と役割があるが、とくに私は、妙法をたもち、医療《いりょう》の現場にたずさわる方々の献身《けんしん》と労苦に、心から敬意を表したい。

白樺グループのリーダーの話が心に残っている。

かつて自身の将来と広宣流布への使命について真剣に考えたとき、「ともかく、生命がこの世でいちばん大切である。生命を守りきっていく妙法はさらに大切である。その妙法流布に励《はげ》む方々を守りたい」と思った。そして、自分は〝無名のナイチンゲールになろう〟〝妙法の看護者として、この一生をささげよう〟と心に決めたという。

今も変わらぬその姿には、生命を慈《いつく》しむというみずからの使命に生きぬこうとの、けなげな決意があふれている。この話を聞いて私は、「ああ、偉いな」と思った。名誉や地位や見栄《みえ》からではない。地涌《じゆ》の使命を果たしゆかんとする澄《す》んだ信心の輝《かがや》きを感じた。彼女のもとで、どれほど多くの人が励まされ、多くの後輩が育っていったことか――。

あるとき、彼女と話したさい、以前に読んだ医療に関する本のことを感動をこめて語り、その内容をメモにしてくれた。本日の会合には、やや頭が光をおびてきた方（笑い）や、太りぎみの方（笑い）で、成人病にかかりやすい年齢に入った方もおられるので（笑い）、大切な皆さま方の健康を守るという意味からも、この本について紹介しながらお話ししたい。

なお、そのさいのメモをそのまま使わせていただくので、多少、本との表現の違いなどがあるかもしれないが、どうかご了承《りょうしょう》ねがいたい。

その本は『外科東病棟』（江川晴著、小学館）。死にゆく人々を対象とする「終末看護（ターミナル・ケア）」にたずさわる一看護婦の体験と心理をつづった小説である。ここには、看護婦の目にうつった医療、看護のあり方、医師の姿等が映《うつ》しだされている。本書は、フィクションとしてまとめられたものであり、また、現時点のターミナル・ケアのあり方からみれば様相の違う点もあるとは思うが、この物語を借りて、看護の本質の一端を考えてみたいのである。

医学はますます進歩を遂《と》げ、医療《いりょう》技術も日々、高度に機械化され、発達している。しかし、重病の患者《かんじゃ》が「死」の恐怖におののき、心身の苦痛に呻吟《しんぎん》するといった現実には、何の変わりもない。

「死」という厳粛《げんしゅく》な事実を前に、医療に従事する者として何をなしうるのか――。本書は、医師よりは一歩、患者に近い存在である看護婦が、さまざまな葛藤《かっとう》を経験しながら、死にゆく患者の看護はいかにあるべきかとの大問題に、真摯《しんし》に取り組む姿を描《えが》いていく。そして、たんに医学的なターミナル・ケアのあり方のみならず、人間の生とは何か、生命の尊厳とは何か、といった人生の重要課題に鋭《するど》く迫《せま》っている。

物語は、主人公・高樹亜沙子が看護短大を卒業し、正式の看護婦としてスタートするところから始まる。

看護短大には入ったものの、当初、亜沙子は医療の道を歩むつもりはなかった。かつて、父が入院したさい、医師、看護婦のあまりにも傲慢《ごうまん》な態度にふれ、幻滅《げんめつ》した体験があるからだった。しかし、卒業を目前にした三年生の実習で、「がん末期患者の看護」というテーマをあたえられ、二人の重症患者とふれあうことで、転機が訪《おとず》れる。

症例研究の対象として、亜沙子がまず紹介されたのは、六十六歳の結腸《けっちょう》ガンの末期患者であった。彼は呼吸困難にあえぎ奇声を発し、ただ恐怖と苦痛に、もだえ苦しんでいる。患者と言葉を交わすことすらできず、看護計画も立たない亜沙子の頭は、ただ混乱するばかりであった。精いっぱい努力はしてもうまくいかず、ついには患者の手を握《にぎ》り、背中や足をさするだけしか術《すべ》がなかった。

その患者が、実習五日目で死ぬ。その直前、壮絶な死との戦いのなかで、「がくせいさん、ありがとな」と言ったように思われた。それは声にならず、口の動きだけであったが、亜沙子には、はっきりわかるような気がした。それが、最初で最後の、亜沙子への反応であった。

亜沙子は、身が引き締まるような感動をおぼえるとともに、「人間が死を迎えるその瞬間《とき》、そこは何人《なんぴと》といえども立ち入ることのできない聖域であること」を実感するのであった。

自身の「死」を見つめ、それに対峙《たいじ》できるのは、ただ自分だけである。「死」は、決してごまかしのきかぬ人生の総決算であり、赤裸々《せきらら》な〝一生〟の証《あかし》である――。

私どもから見れば、価値ある「生」を生ききったか否《いな》か。妙法流布という至上《しじょう》の生き方を貫《つらぬ》いたかどうか。それは例外なく、〝臨終《りんじゅう》〟の姿に如実《にょじつ》に現れる。ゆえに、信心だけは、まじめに、真剣に実践していく以外にない――。それが、数千、数万の「死」の現実にふれてきた私の、偽《いつわ》らざる実感であり、結論である。

亜沙子が次に紹介されたのは、胃ガンが肝臓《かんぞう》にまで転移し、手術不可能な状態の患者であった。彼にはさびしい影があり、ほとんど口もきかないのだが、そんな彼がある日、同室の患者も驚くほどの大声で怒鳴《どな》った。

亜沙子は、すっかり動揺《どうよう》し、あれこれ悩んでいるうちに実習期間は終わる。が、偶然、廊下《ろうか》で倒れかかったその患者に出会い、彼をささえて病室まで連れていく。ふと見ると、顔をゆがめ、涙を流している。この人は「孤独《こどく》と絶望にうちひしがれているのかもしれない」と亜沙子は思う。

そうした亜沙子を見て、先輩の看護婦は言った。

彼が「怒鳴《どな》ったのは、あなたが悪かったからではなく、やりどころのない苦悩を、あなただからこそ、ぶつけられたのかもしれない。（中略）そう思って自信をもちなさい。何かを、やってあげることだけが看護ではありませんから。相手からやられる、それに耐《た》える。それも看護ではないかしら」と。

そして亜沙子は、何も知らない自分が人に何かをしてあげようと考えたこと自体が思いあがりであったと気づき、素直《すなお》に、看護婦になろうと決意するのである。

人生の転機にあって、経験豊かな先輩の一言が、どれほど貴重か。また、苦しみのドン底にあって、頼れる先輩の存在ほどありがたいものはない。皆さま方も、何度かそう痛感した体験があるにちがいない。

また、私どものまわりにも、人生の苦難につまずき、生命の病《やまい》に悩む人が数多くいる。そのギリギリの苦悩にいる人たちに対し、人生の先輩として、確信ある指導・激励《げきれい》をしていくことは、いかに尊《とうと》いことか。そのことをよくよくわきまえ、いっそうの慈愛の実践に邁進《まいしん》していただきたい。

正看護婦となってからも、必死に看護した少年が亡《な》くなるなど、亜沙子にとってつらく厳《きび》しい日々がつづいた。

そのときも、彼女の苦しみを救ったのは、先輩看護婦のアドバイスであった。

「ここへ来る看護婦の誰《だれ》もが、自分の仕事は、病《や》める人の援助をして、やがて生きる喜びを感じる世界に戻《もど》してあげることができる――そう信じて来るのです」

「でも私たちは、しばしば、それとは正反対の、つまり死ぬほかはない運命の患者さんの介護《かいご》もしなければならないのにショックを受けます。でも、実は、看護の中で、死に行く人に、愛と静穏《せいおん》（安息《あんそく》）を与えるくらい高度な看護はないのです」

「人の死は、ある意味では自然の成り行きであるにせよ、どうせ死ぬのだから、どのような死に方をさせてもよい、というわけではないと思うの。その人にとって、最善の死に方を……と力の限り尽くすのが終末看護《ターミナル・ケア》の本質だと、私は思っているのです」

「人の絶望の中で、死より深い絶望はありません。それを少しでもやわらげてあげるのが終末ケアという大切な仕事なのです」

ともすると私たちは、何事も、物事の〝よい部分〟にしか目を向けないものである。たとえば看護婦であれば、医療《いりょう》はすべての人々に希望をあたえられるものであり、医療にたずさわれば、その使命におのずと貢献《こうけん》することができる、と。

だが、現実は、そうした側面だけではない。同じ医療といっても、亜沙子が直面したように、絶望と悲嘆《ひたん》の繰り返しとなるような場合も少なくないのではあるまいか。

看護婦だけではない。いかなる分野、仕事であっても、歓喜と生きがいに満ちた部分とともに、必ずや疑問や苦渋《くじゅう》をともなう側面があるものだ。しかし何事も、それに負けては、本来の使命は成就《じょうじゅ》しえない。

信心も、同じである。正法を受持したからといって、何から何まで楽しく、順調にうまくいくことなどありえない。むしろ、正法ゆえに、三障四魔《さんしょうしま》が競《きそ》い起こるのであり、困難と苦渋の道を勇んで進んでいってこそ、真実の歓喜、充実があることは、皆さまもご存じのとおりである。

人の心、痛みをどこまで理解できるか

また、物語には、ある企業の海外駐在員《ちゅうざいいん》としてボストンへ派遣《はけん》されることになった、国立大学出身の青年の話が出てくる。だが、彼には、網膜剥離《もうまくはくり》という疾患《しっかん》があった。会社の診療所の医師は「海外生活に適さず」と診断。ところが彼は他の病院を訪《おとず》れ、「海外勤務に耐《た》えうる」との診断書を得る。

一年後、彼は、うつ病に苦しみ帰国。眼病もあって仕事に支障をきたし、精神的な不安を深めたことが原因であった。帰国後、一時、症状《しょうじょう》は安定し、結婚するが、半年後、再発。そして身重《みおも》の妻を残して自殺する。

この悲劇から著者は「たとえ肉体的には健康であっても、その人とのかかわりが、いつ、いかなる時でも、終末看護になり得る可能性と哀《かな》しみを秘めている」ことを強調している。

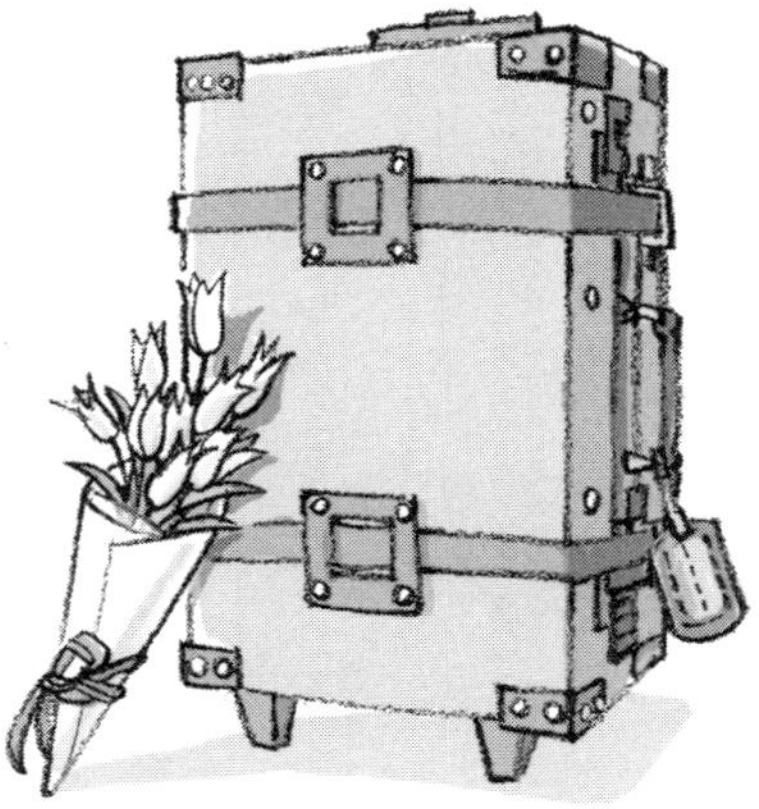

ガンの患者に、病名を知らせるべきかどうか。この問題のむずかしさを語るエピソードが、同書にも記《しる》されている。

〝ガン告知主義〟の立場に立つ医師が登場する。彼は肺ガン治療の権威《けんい》とされている。

彼は、ある会社のエリート社員に対し、ガンであることを告げる。その医師にしてみれば、〝真実を教えてほしい〟との患者の願いに応じただけのことであったかもしれない。しかし患者は、何を言われても驚かない、と言ったものの、それ以来、目に見えて暗くなり、心身ともに元気がなくなっていった。

そしてある日、治療の効果があがらないから今の治療をやめたい、と医師に訴えた。そう言うことで、彼は医師の反応をためしていたのではなかろうかと、看護婦は推量する。

そのとき、もしも医師のあたたかい、確信のある激励《げきれい》があれば、〝まだ希望がある〟と気をとり直したかもしれない。

しかし、そのとき、この医師は、吐《は》きすてるように、こう言っただけであったと記されている。「あなたが希望しないのなら、治療は打ち切ります。ほかにやりようはありませんからな」――。

患者が自分の意のままにならないと、冷たく突き放し、かえりみようともしない。患者に対する〝絶対者〟のごとく思いあがった醜《みにく》い振る舞いであった。

自身の心がたかぶっていれば、人の心が素直《すなお》に映《うつ》るわけがない。人の心がわからなければ、その人のために何をしてあげればよいのか、わかるはずがない。「指導者は謙虚《けんきょ》であれ」と、私が繰り返し申し上げる理由の一つも、そこにある。

医師の態度に、看護婦は呆然《ぼうぜん》とする。「たとえ、患者が治療をいやがったとしても、一応は医師として、それなりの説得をするべきだ」し、また他の治療についても考えてあげるべきではないかと。

かりに私どもの立場でいえば、信心しても功徳《くどく》がなかなか出ないと相談されて、じゃあ勝手にしなさいと言っているようなものであり、考えられない行為《こうい》である。

本来、激励と指導によって、その人の一念を変えていくことがリーダーの使命である。一念が変われば、一切が変わっていくからだ。

ゆえに、私どもは日夜、妙法の偉大さを説き、絶対の幸福へと人々の心を開くために、祈り、走り、心をくだいている。この学会の世界が、どれほどあたたかい人間愛に満ちていることか。他の社会の冷酷《れいこく》さや傲岸《ごうがん》さを知る人ほど、そのありがたさを実感している。また、このヒューマンな〝ぬくもり〟を、社会に大きく広げていくことが私どもの役割である。

さて、そのエリート社員は、自分がガンであると宣告されて以来、不眠がつづき、うちひしがれたようすは、だれの目にも明らかになっていったという。

同書には、こうある。

「残された生涯《しょうがい》を思いやっての病名告知のはずなのだが、告知後の精神的苦痛を支えるスタッフが用意されているかと言えば、『ノー』と言わざるを得ないのが、今の日本の医療界《いりょうかい》の現状である。たった一人の看護婦が一晩だけでも患者のベッドサイドに付き添《そ》うことすら不可能な状況の中で、『がん』だと告げられて、冷静にうけとめられる日本人がどれほどいるであろうか」

　私はガン患者に対して、どのような状況であっても病名を告げるべきではないと考えているわけではない。ただ、現今のように、治療をするにあたって、ガンであることを患者自身が察知してしまうことが多くなってきた以上は、この問題にも、さらに深い配慮《はいりょ》が必要になってきていることも事実である。

　しかし、たとえガンを告知するにせよ、状況を見守るにせよ、人間に生きる希望と意欲をあたえる〝何か〟を十分にもたず、安易に患者や家族に重荷を押しつけるのみの結果となっては、あまりにも無慈悲といえよう。医療者として心せねばならない重要な課題ではなかろうか。

　ところで、看護婦は心の中で思っていたという。「患者にならなければ患者の真実の痛みは分からない」「まして、苦悩を背負う患者の心を理解するなどまったく不可能だ」と。

　そのとおりであろう。ゆえに広げていえば、指導者として、苦労こそ財産なのである。さまざまな経験を重ね、その人生体験の深さが、人の心を理解する深さに直結している人こそ、〝人間の指導者〟の要件をそなえた人である。

生命への慈愛こそ〝看護の心〟

　絶望の底にいる患者に一通の手紙が届いた。アメリカにいる弟からの見舞いの手紙であった。患者に希望が蘇《よみがえ》った。弟の住むアメリカに行きたい――。希望が、つらい治療に立ち向かわせる気力を彼にあたえた。

　人間の生命力を強めるもの。それは「希望」であり「確信」である。そして、励《はげ》ましとともに、具体的な「目標」をもてるよう配慮《はいりょ》していくことが、どれほど大きな力をひきだすことになるか。そのことは皆さま方も経験上、よくご存じのとおりである。

　彼のアメリカ行きに対し、医師も、検査の結果がよかったため、了承《りょうしょう》をあたえる。患者夫妻の喜びはたいへんなものであった。

　そんな折、その医師は突然、治療法を変更した。しかも、患者が納得《なっとく》いくような十分な説明のないままに――。看護婦は心配だった。「医師が途中で治療方針を変える場合、前もって患者に納得のいく説明が必要不可欠《ふかけつ》なのである。それを省《はぶ》いて、次々と変更するのは、患者の信頼を裏切ることになりはしないか」と。

「納得」――いかなる場合でも、こ

れこそが力である。納得は確信をあたえ、独断は不安と不信をあたえる。納得は心の交流を生み、押しつけはたがいの心を遮断《しゃだん》させる。納得すれば、人はみずから行動を起こし、工夫《くふう》を始める。たとえ正しいことでも、納得できないかぎり、やる気も出ないし、能力も十分に発揮《はっき》できない。

ゆえに、指導者が安易に方針を変えることは、厳《きび》しく戒《いまし》めるべきである。

患者はふたたび心を閉ざして、口数も少なくなっていった。

やがて渡米の手続きも終えた。書類を見て、やっと彼に笑顔《えがお》がもどってきた。

しかし、一度は賛成したはずの医師は、飛行機の中で何かあったら、自分が訴えられる、と言いだし、アメリカ行きを断念させてしまうのである。

患者の心は、もう二度と開くことはなかった。これが、あくまで〝自分のためを思っての処置である〟と納得できたのなら、患者の心がかたくなに冷《ひ》えきってしまうことはなかったであろう。

「患者に希望をもたせるのも、患者を絶望の淵《ふち》へ追いやるのも、医師の言葉一つである」とある。心が心を冷やし、心が心をあたためる。私どもも、リーダーの一言の重みを、よくよく自覚しなければならない。

患者は、その後まもなく死亡してしまう。一切の医療行為を拒否《きょひ》したままであった。

それが、せめてもの医師への抵抗だったのだろうか、と看護婦は思う。彼女はその「勝ち誇ったような威厳《いげん》にみちたデスマスク」を、いつまでも忘れることができなかった、と記《しる》されている。

「死」は社会的立場等に関係なく、その人の生命の本然《ほんねん》の姿を表す。それはあまりにも厳格なほどである。ゆえに〝人間として〟〝生命として〟の自分が、どう磨《みが》かれているか、その一点が最重要の課題となる。それ以外の表面的な粉飾《ふんしょく》や傲《おご》りが、死の前に、いかに無力であることか――。

次の挿話《そうわ》も、そのことを物語っている。

この〝ガン告知主義者〟の医師自身が、皮肉にもガンにかかってしまうのである。しかも、自分の専門分野である肺ガンであった。

肺結核として入院し、治療していくなかで、彼は自分の病状の異常に気づく。医師、看護婦たちに詰問《きつもん》するが、彼らは懸命にさとられないように努力する。

そのうちに、彼は、本当の病名を言わないと、治療を断《ことわ》るとさえ言い始める。そのわがままさは、他の患者の比ではなかった。そんな彼の心をなごませ、開かせたのは、やはり看護婦の献《けん》身的《しんてき》言動であったという。

あるとき、看護婦は、こう語りかける。

「人は、いつも死と隣《とな》り合わせで生きています。先生の前ですが、どんな名医でも、患者さんに対して、明日も、あさっても、一年後も二年後も、絶対に生きていられる、と断言できないのではないでしょうか」

「私だって明日が分かりません。自動車を運転しておりますし、今夜にも事故を起こすかもしれません。先生、ですから私は思うのです」

「二度とない今を、おろそかに生きてはならないんだと……。何事も一期《いちご》一会《いちえ》だと……」

一期一会——一生にただ一度の出会いということである。仕事にせよ、人や出来事にせよ、一日一日、一回一回の出会いを、ふたたび繰り返すことのできない、かけがえのない宝として、どれだけ大切にし、その価値を味わっていかれるかどうか。そこに無常の人生を充実させゆく道がある。

必死の看護もむなしく、ついに患者は息を引きとった。とり乱し、母親を呼び続けながらの死への日々であったという。あとに一冊のノートが遺《のこ》されていた。その中に、こう書かれていた。
「がん告知について、自分の考えは軽率《けいそつ》だった。（中略）なぜかと言えば、自分が、がんと知った時の衝撃《しょうげき》は深刻きわまるものであった。その絶望感は、その後、何によっても救われることはなかったからである」
「自分が心の迷いと苦しみを断ち切ることができたのは、若いナース、高樹くんの傍若無人《ぼうじゃくぶじん》とも思える態度の中に、落ちこむボクを思い、必死で救いあげようとする捨て身のやさしさを見た時からだ。それ以後、ボクは、自分の学んできたものは何だったのか、医療はいったい誰《だれ》のためにあるのかを、改めて深く考え始めたのである。
清原くんの『一期《いちご》一会《いちえ》』の言葉を聞いたのは、ちょうどそんな時だった。以来自分は、将来への未練《みれん》を、やっと断ち切ることができた」

最後の章には、こうあった。

「がんの告知は重要な課題であり、単なる理想論に終わらせてはならなかった。告知後、患者の絶望感をどう救いあげるのか、早急に、そのための諮《し》問《もん》委員会や、専門スタッフのチーム作りを望みたい。これが私の切なる願いである」

主人公の亜沙子は、ノートを読む声を聞きながら、さまざまな「生」と「死」に出あい、悩み、教えられてきた歩みが心に浮かんでくる。「そして何よりも、人間の尊《とうと》い死にかかわる看護職の光栄を思った」というところで、同書は結ばれていく。

以上、紹介させていただいたなから、皆さま方の立場で何らかの糧《かて》を得ていただければ幸いである。

私は、ドクター部、白樺《しらかば》会、白樺グループの方々の尊き使命を、あらためて確認する思いであった。

また、妙法によって人々を蘇生《そせい》させている私どもは、いわば〝生命の看護者〟であり、〝生命の医者〟にも通じる。その意味から、指導・激励《げきれい》のあり方に、貴重な示唆《しさ》を読みとることができよう。学会こそ日々〝生命のターミナル・ケア〟に献身《けんしん》している団体である。

終末介護《ターミナル・ケア》が問う一人の命の重み

ところで先日、創大生がいろいろとお世話になった北里大学病院の院長に、創立者として私は、創価大学の学生部長に託してお礼の言葉を伝えてもらった。

その折に病院長より、『医の心』(北里大学病院　医の哲学と倫理を考える部会編、丸善)と題する本を頂戴《ちょうだい》した。これは同病院の「医の哲学と倫理《りんり》を考える部会」で昭和五十三年からの十年余に行われた講演をまとめたもので、これまで六巻にわたって刊行されている。

ここには「医学の根底に正しき生命観と倫理観をおかねばならない」との主張が貫《つらぬ》かれている。その中でとくに切実な問題として取り上げられていたことの一つが、「医師として『生命』・『死』の問題にいかに取りくむか。また実際に患者とどのように接していくか」ということであった。

その中に収められているある講演(土居健郎氏)では、ガンで亡《な》くなった四十代の医学者の、闘病のさいに作った詩が紹介されていた。

――「もし医師が不治《ふじ》の病《やまい》を宣告する時/その後の毎日を/どうその患者と対決し会話を交わしていくつもりか/それだけの人間的力量を/はたして医師に期待してよいものか」――と。(細川宏遺稿詩集『病者・花』小川鼎三・中井準之助編、現代社)

ここには〝不治の病の告知〟――患者に知らせるべきかどうかという、現代の大問題への大きな示唆《しさ》が含まれている。とともに、実際に医療《いりょう》にたずさわった人間が死に直面したとき、医療者の力の限界を痛感した言葉として、ひときわ胸に迫《せま》ってくる。

たしかに、医師や看護婦等が、ガン告知をした後に、どう患者をケアして

いくかという問題に対して、医療関係者に十分な人間的力量がそなわっていれば、たとえ、患者がガンであると知っても、そのショックを乗り越えていくことができるであろう。

とくに患者が、自分の症状《しょうじょう》に疑問を感じ始め、深い絶望とかすかな希望の間を揺れ動いているときこそ、医療関係者の人間的力量がもっとも重要になるのではなかろうか。

その力量には、まず医学的に正確な判断が含まれる。医学的にみても、治療によって全治しうる初期のガンであるか、それとも末期にいたったガンなのか、たとえガンであることが患者や家族にわかるような治療の内容であっても、それを行うべきであるかどうか等の熟慮《じゅくりょ》が要請《ようせい》される。

そのうえに立って、家族の状況など

うか、社会における任務や仕事を残しているのかどうか等の、家族や社会との関連も考慮されなければならない。さらに患者の性格や生き方、これまで培《つちか》ってきた死生観、生命観が、ガン告知に耐《た》えられるものか否《いな》か、たとえ告知するにしても、どのようにだれから告知すべきか等の問題をも、十分に考え合わせていかなければならない。

　そして、もっとも重要なことは、このような種々の条件を考慮するにあたって、医師や看護婦自身が、人間の生と死をどのようにとらえているのかという生死観、倫理観等がかかわってくることである。

　ゆえに医療関係者は、日々の診療のなかで、患者の死を自分自身の死としてひきうけ、死に直面する患者とともに悩み、苦しみつつ、そこから希望と安穏《あんのん》の臨終《りんじゅう》を勝ちとらせるための必死の努力が要請される。そして、医師や看護婦の死生観の基盤《きばん》にこそ宗教、とくに仏法の明示する死生観、死後観が、重要な役割を果たすものと思われるのである。

　ガン告知という視座からも現在では、医療の根底に、正しき生命観、死生観を説き示す宗教が不可欠《ふかけつ》のものとして要請されるにいたったと感じるのである。

　また別の講演では〝医療者が患者と実際に会うこと〟がいかに大切であるかが語られていた。そこには次のような例があげられている。

　――ほぼ同じ条件にもかかわらず、新病棟《しんびょうとう》のほうが旧病棟とくらべ、鎮痛《ちんつう》剤《ざい》の使用量が三倍であることがわかった。どうして新病棟のほうが多いのか。

　その理由は、新病棟では患者がボタンを押すと、声だけが返ってきて看護婦がくることはない。一方、旧病棟ではベルだけなので、そのつど、看護婦がきてくれる。つまり、声だけか、それとも実際に人間と接することができるのか、その違いに原因がある――というのである。（中川米造「医療の五つの顔」、前掲『医の心』所収）

　現代は医療の技術が進み、医師は〝技術者〟としての側面ももっている。だが、その技術、知識の根本となるものは、あくまで〝患者の側に行き、患者の話を聴《き》いて手を当てる（手当てする）こと〟なのである――。

　こうした人間的ふれあいは、機械化、技術化の進む現代社会の万般にわたる、切実な課題ともいえよう。そこに私どもの運動の必然性もある。同志に何かあれば、すぐさま駆《か》けつけ、激励《げきれい》し、その人のために唱題していく――そうしたうるわしくもすばらしい絆《きずな》で結ばれているのが、私どもの世界である。

〝信心の長者〟の連鎖は生々世々に

　さて、仏法で、心身の病苦を治す働きとしてあげられるのは「薬王菩薩《やくおうぼさつ》」である。

　御本尊には「薬王菩薩」の生命も含まれており、御本尊に題目を唱えていくとき、わが胸中に薬王の生命が涌現《ゆげん》し、病気と闘《たたか》う力として働いていくのである。

法華経薬王菩薩本事品《やくおうぼさつほんじほん》では、薬王菩薩について次のように説かれている。（妙法蓮華経並開結五八一㌻）

まず、前段では、遠い昔、薬王菩薩（経文では前身の一切衆生喜見菩薩《いっさいしゅじょうきけんぼさつ》）は、日月浄明徳仏《にちがつじょうみょうとくぶつ》のもとで苦行をして、現一切色身三昧《げんいっさいしきしんざんまい》（一切の生あるものの姿を自由に現すことのできる境地）を得ることができた。その報恩のために、香油《こうゆ》で満たしたわが身を焼き、その光で広大な世界をあまねく照らし、香《かお》りを満たして供養《くよう》とした。

その後、薬王菩薩は、ふたたび日月浄明徳仏のもとに生まれてくるが、仏の入滅にあい、今度は両臂《りょうひじ》を焼いて火をともし、仏の遺骨（仏舎利）を供養した。

そして、後段では、これらの焼身の供養より、法華経の受持、弘法《ぐほう》の功徳《くどく》のほうがはるかに大きいことを明かし、万人の病気の〝良薬〟であるこの経を守護していくよう託するのである。

薬王品《やくおうぼん》に「是《こ》れ真の精進《しょうじん》なり。是れを真の法もて如来《にょらい》を供養すと名づく」（開結五八五㌻）――これこそ真の精進である。これを真の法をもって如来（仏）を供養すると名づける――とある。

この文は、薬王菩薩が身を焼いて仏に供養したことを、諸仏が讃嘆《さんたん》して述べたものである。

日蓮大聖人は「御義口伝《おんぎくでん》」で次のように仰《おお》せである。

「此《こ》の文は色香中道《しきこうちゅうどう》の観念《かんねん》懈《おこた》ること無《な》し是《これ》を即《すなわ》ち真法供養如来と名《なづ》くるなり所謂《いわゆる》南無妙法蓮華経唯有一乗《ゆいういちじょう》の故《ゆえ》に真法なり世間も出世《しゅっせ》も純一《じゅんいつ》実相なり」（御書七九二㌻）

――この文は「色香中道」の観念おこたることとなし、つまり「一色一香も中道にあらざることとなし」の御本尊に、つねに題目を唱え、念じきっていくことを、「真法をもって如来を供養す」と名づけるのである。いわゆる、南無妙法蓮華経は、法華経で説かれた「十方の仏土の中には、唯《ただ》一乗の法のみ有《あ》り」の「一乗の法」であるから、経文にいう真法である。世俗の人も、出世間の僧も、まったく雑行《ぞうぎょう》をまじえることなく、等しく南無妙法蓮華経によって成仏していけるのである――と。

さらに、大聖人は、薬王菩薩の「焼身焼臂《しょうしんしょうひ》」について「御義口伝」で、次のように仰せになっている。

「所詮《しょせん》焼身焼臂とは焼は照の義なり照は智慧《ちえ》の義なり智能《よ》く煩悩《ぼんのう》の身生死《しょうじ》の臂《ひじ》を焼くなり」（御書八〇一㌻）

――所詮、経文に「身を焼き臂を焼く」とあるのは、焼は照の義であり、照とは、真理を明らかに照らしだす智慧を意味する。薬王の焼いた身とは煩悩《ぼんのう》であり、臂とは生死である。すなわち、妙法の智慧の火をもって焼き、煩悩即菩提《そくぼだい》・生死即涅槃《しょうじそくねはん》と転ずるのである――と。

まさに、この御文に仰せのごとく、生死の大海におぼれ、煩悩に束縛《そくばく》されたこの生命を、妙法によって、幸福へ、成仏へと転じ導いていく――心身の重病をいやし、消除していくのが、薬王の働きなのである。

戸田先生は、牧口先生の法難につい

て、この薬王品を拝されながら、次のように述べられている。（『戸田城聖全集第一巻』）

「薬王菩薩本事品《ほんじほん》に、薬王菩薩が仏および法華経に、身を焼いて供養したてまつったのをほめていわく、『是《かく》の如《ごと》き等の種種《しゅじゅ》の諸物《しょもつ》を以《もっ》て供養《くよう》すとも、及《およ》ぶこと能《あた》わざる所なり。仮使《たと》い国城・妻子もて布施《ふせ》すとも、亦《ま》た及ばざる所なり。善男子《ぜんなんし》よ。是《こ》れを第一の施《せ》と名づく。諸《もろもろ》の施の中に於《お》いて、最《さい》尊最上《そんさいじょう》なり』（開結五八六ページ）と。（中略）

先生は、法華経のために身命をなげうったお方である、法華経に命をささげた、ご難の見本である。先生の死こそ、薬王菩薩《やくおうぼさつ》の供養でなくて、なんの供養でありましょう。先生こそ、仏の『諸の施の中に於いて、最尊最上』の供養をささげた善男子なり、とおほめにあずかるべき資格者である。愚人にほめらるるは智者の恥《は》ずるところと大聖人のおことばを、つねに引用せられた先生は、ついに最上の大智者にこそほめられたのである」と。

さらに、戸田先生は、薬王品の「命《みょう》終《じゅう》の後に、復《ま》た日月浄明徳仏《にちがつじょうみょうとくぶつ》の国の中に生じて、浄徳王の家に於《お》いて、結《けっ》跏趺坐《かふざ》（＝足の表裏を結んで座す）して、忽然《こつねん》（＝たちまち）として、化生《けしょう》（＝生まれる）」（開結五八六ページ）の文を引き、牧口先生について次のように言われている。

「法華経は一切現象界の鏡と、日蓮大聖人はおおせあそばされている。大聖人は妄語《もうご》の人にあらず、実語のお方である。ゆえに凡下《ぼんげ》の身、ただ大聖人のおことばを信じて、この鏡に照らしてみるならば、先生は法華経流布の国のなかの、もっとも徳清らかな王家に、王子として再誕せらるべきこと、堅《かた》く信じられるべきで、先生の死後の幸福は、吾人《ごじん》に何千、何万倍のことか、ただただ、おしあわせをことほぐばかりである」

つまり、法華経の文、大聖人の御言葉を確信すれば、薬王菩薩の焼身焼臂《しょうしんしょうひ》の供養にも比《ひ》せられる殉教《じゅんきょう》の牧口先生は、王家の王子として、生まれてきておられるにちがいないと述べられているわけである。

同じ原理から、牧口先生とともに弘法《ぐほう》の道に連《つら》なる妙法の同志は、生《しょう》々《じょう》世々、福運の〝長者〟として、功《く》徳《どく》を受け、みずからの願うところに生まれていくことができるといえよう。

この三世《さんぜ》にわたる妙法の長者の連鎖《れんさ》があるかぎり、世界の広宣流布は、着実に広がり、必ずや成就《じょうじゅ》していくと確信してやまない。

第八十九回本部幹部会・第三十一回全国婦人部幹部会より

釈尊の「七つの慈愛の施し」

1995・6・2

仏典には、財力などによらずして人に尽《つ》くしていく方法に七つある、と説《と》かれている。（以下、中村元『仏典のことば』〈サイマル出版会〉から引用・参照）

第一に「眼《まなこ》の施《ほどこ》し」。つねに慈愛《じあい》のまなざしをもって接《せっ》することである。

「あれは、どうなっているの！」とか、いつも皆をにらんで追いつめるような幹部であってはならない。

第二に「顔つきの施し」。しかめっつらではなく、にこやかな顔つきで接することである。

だからといって女性がいつも「笑《え》顔《がお》」「笑顔」では、知性《ちせい》を疑《うたが》われてしまう場合もある。また女性は、とくに男性に対しては、毅然《きぜん》とした面が必要であろう。

第三に「言葉の施し」。「荒々しい言葉」ではなく、「優《やさ》しい言葉」で語りかけることである。

皆がほっとして、心が明るくなるような言葉づかいでありたい。

第四に「身による施し」。身をもって、尊敬の態度を示すことである。

とくに幹部は会員の方々と接する時には、最大に礼儀《れいぎ》正しく振る舞うべきである。

一方、正義の敵に対し、悪に対しては、断固《だんこ》たる態度で戦わなければならない。

大聖人は「瞋恚《しんに》（＝怒《いか》り）は善悪に通ずる者なり」（御書五八四ページ）と仰《おお》せである。怒《おこ》るべき時には、怒らねばならない。

臆病《おくびょう》で、悪とは戦わず、反対に、包《ほう》容《よう》すべき同志を叱《しか》るような幹部は、あまりにも卑劣《ひれつ》である。

大切な同志が喜び、胸を張《は》って生きられるよう、会員を守って堂々と叫《さけ》び、戦うのがリーダーの使命である。

第五に「心による施し」。善《よ》き心をもって他人と接し、善きことをしようと努力することである。

言葉や態度だけではいけない。そこに「心」がこもっていなければならないということである。

第六に、「座《ざ》による施し」。つまり、他人のために座席をもうけて座《すわ》らせてあげることである。

たとえば、遠くから会合に来た人を「どうぞ前へ」「こちらでゆっくりしてください」とねぎらう心配《くば》りなども、これに通じるといえよう。

第七は「住居による施し」。自分のところに来た人を家の中に入れてあげることである。「よくいらっしゃいました」「どうぞお入りください」と。

自宅を会場に提供《ていきょう》してくださっている方々こそ、仏典に述べられたとおりの、まことに尊《とうと》いお姿であろう。

身口意で善を

また釈尊《しゃくそん》は、門下にこう呼びかけている。

「身体によって善行《ぜんぎょう》を行《おこ》なえ」
「語《ことば》によって善行を行なえ」
「心によって善行を行なえ」（『ブッダの真理のことば　感興のことば』中村元訳、岩波文庫）と。

この、身口意《しんくい》の三業《さんごう》にわたる善の実践《じっせん》をしているのが、わが同志である。

ゆえにリーダーは、会員に対して、怒《おこ》ったり、どなったりしては絶対にならない。仏子《ぶっし》を粗末《そまつ》にすることは、仏法を粗末にすることであり、謗法《ほうぼう》に通じる。

相手のために厳《きび》しく言わなければならない場合も、祈りきった、相手を思う本当の慈悲《じひ》のうえからの言葉でなければならない。

人を励ます福徳

釈尊は語っている。

「他人の過失《かしつ》を探《さが》し求め、つねに怒りたける人は、煩悩《ぼんのう》の汚《けが》れが増大する。かれは煩悩の汚れの消滅《しょうめつ》から遠く隔《へだた》っている」（同前）

人の欠点を見つけては、批判ばかりしている——そういう人は結局、自分自身が醜《みにく》い生命にむしばまれ、自分自身を卑《いや》しくする。最後には、自分が苦しむことになる。

反対に、皆を心から励《はげ》まし、育てた人は、その分だけ、すべて自分の福徳《ふくとく》となる。まわりの人や後輩《こうはい》が「諸天善神《しょてんぜんじん》」の働きとなり、自分を守ってくれるようになる。

これが仏法の因果《いんが》の理法である。

友に「安心」をあたえたい。「希望」をあたえたい。それが真のリーダーの心である。あの人がいれば、皆が明るくなる。身も心も軽くなる。そう慕《した》われるリーダーであっていただきたい。

白樺会に寄せて

1998・8・2

全国の皆さま、暑いなか、本当に、ご苦労さまです。

また、「健康」と「充実」と「友情」の、すがすがしき年輪《ねんりん》を刻《きざ》まれゆく伝統《でんとう》の白樺《しらかば》夏季研修、まことに、おめでとうございます。

皆さま方は、悩《なや》めるあの人にも、孤独《こどく》なこの人にも、慈愛《じあい》の手を差し伸べてこられました。

そして、時間のないなか、学会活動に歩きに歩いて、岩をも砕《くだ》く執念《しゅうねん》で、広宣流布《こうせんるふ》の勝利の大波を起こしてくださいました。

妙法のために自らの足で動いた分だけ、生々世々、無量無辺《むりょうむへん》の大功徳《くどく》に包まれていくのが「因果の理法」であります。

日蓮《にちれん》大聖人も、そして十方《じっぽう》の仏菩薩《ぼさつ》も、諸天善神《しょてんぜんじん》も、皆さまの神々《こうごう》しきご活躍《かつやく》を、「尊し！　尊し」と大喝采《かっさい》しておられるに違いありません。

また、けなげに戦っておられる仏勅《ぶっちょく》の学会員を、私たち同志も、諸仏《しょぶつ》とともに、真心《まごころ》から、ほめ称《たた》えてまいりたい。

有名な「諸法実相抄」の一節には、「ほめられれば、我が身がそこなわれるのもかえりみず（一生懸命に）行動していくのが、人間の常である」と教えておられます。（趣意《しゅい》、御書一三六〇ページ）

更に、「法華経の功徳はほむれば弥《いよいよ》功徳まさる」（同一二四二ページ）とも仰《おお》せであります。

心を蘇生《そせい》させる「励ましの力」

牧口先生は、地方から青年が上京してくると、抱きかかえるように温かく歓迎《かんげい》し、こまやかに激励《げきれい》されました。

先生は、そうした青年を連れて、都内の座談会に一緒に出席された。しかも、必ず、ご自身の横に座らせたといいます。

そして、先生は、入会間もない青年を、「この〇〇さんは、△△の地域で、大変に頑張っている人です」等と最大に称えながら、皆に紹介して、体験発表を語らせることもありました。

牧口先生は、一人一人に張り合いと自信を持たせながら、「新しい人材」を手作りで育てられたのです。

思えば、あのナイチンゲールも、元

気をなくした人を励《はげ》ます力が、まことに見事であったと称讃《しょうさん》されております。

　彼女の生き生きとした快活な対話が、落胆《らくたん》した人々の心をも蘇生《そせい》させていったというのであります。

　いわんや、仏法では、「声仏事《ぶつじ》を為《な》す」（同七〇八ページ）と説きます。

　白樺《しらかば》会の皆さまが、各地の座談会で、「健康セミナー」を担当してくださっていることにも、多くの友から感謝が寄《よ》せられております。いつも、陰に陽に、同志の健康を守ってくださり、心より御礼申し上げます。

夢がかなうまであきらめない！

　さて、三十五年前（一九六三年）の六月十六日——。

　この日の午後零時《れいじ》三十分（日本時間・午後六時三十分）、人類で初めて、一人の女性が大宇宙へと飛び立っていきました。

　その凜々《りり》しき微笑の若き「女性宇宙飛行士」こそ、私たちの親しい友人である、ロシアのテレシコワさんであります。

　彼女のことは、『新・人間革命』や『世界の指導者と語る』でも書きつづりました。

「私はカモメ！」と声をはずませながら、彼女は、宇宙船ボストーク六号に乗って、三日間（七十時間五十分）で、地球を四十八周しております。

　宇宙から、「ふるさと」の青き地球が、いかに尊く懐《なつ》かしく見えるか——。

　その感動を、「カモメさん」は、私たち夫婦に、しみじみと語ってくれました。各大陸も、各大洋も、それぞれの美しさを放っていたといいます。

　テレシコワさんは、もともと紡績工場で働く平凡《へいぼん》な乙女《おとめ》でした。

　その彼女が、積極果敢《かかん》な挑戦《ちょうせん》を続け、厳《きび》しい訓練《くんれん》に耐《た》え抜いて、「宇宙飛行」というロマンを、ついに勝ち取ったのであります。

　その人生は、「うまく行かなければあきらめる」などという弱々しい悲観《ひかん》とは、まったく無縁《むえん》です。彼女は言います。

「いたずらに好《よ》いお天気を待って、岸辺に坐《すわ》ってはいられません。未来のためにたたかい、勇敢に困難を克服すべきです」（『テレシコワ自伝——宇宙は拓《ひら》かれた大洋』宮崎一夫訳、合同出版）

「美しき迫力で人を救う」母よ！

　この強さは、どこに由来《ゆらい》するのか。それは、彼女が「私のヒロイン」と尊敬する、お母さんから学んだものです。

　母は二十七歳の若さで、愛する夫を戦争に奪《うば》われました。後には、まだ三歳のテレシコワさんら、三人の姉弟が残された。

　しかし母は負けなかった。

　母の毅然《きぜん》たる姿を称えて、テレシコ

ワさんは、ロシアの大詩人（ネクラーソフ）の詩を捧《ささ》げております。

「ロシアの村落には女がいる、／顔には静かな決意をたたえ、／動作には美しい迫力、／歩きぶりと眼ざしは女王のよう、／（中略）災厄《さいやく》におじけず、人を救い、／疾走《しっそう》する馬をも制し、／燃えしきる家にとびこむ女が。」（同）

わが白樺《しらかば》会の美しさと強さに通ずる詩であると、私は思ってきました。

皆さまも、ある場合には子育てとの両立、また、ある場合には未入信の家族を抱《かか》えるなど、さまざまなご苦労があることでしょう。

しかし、今、人の何倍も苦労することが、大勢の人々を包み、救いゆく慈《じ》愛《あい》となり、力となることは間違いありません。

ナイチンゲールも、嵐に毅然《きぜん》と立ち向かってきた人格の輝きが、無言《むごん》のうちに、患者《かんじゃ》さんに〝勇気をもって耐《た》え抜きましょう〟という励《はげ》ましを贈《おく》っていたと言われます。（E・T・クック著『ナイティンゲール〔その生涯と思想〕』1、中村妙子訳、時空出版、参照）

学会の強さも、苦労を重ねてこられた方々が、第一線のリーダーとして、名指揮《しき》をとっておられることにあります。

信心とは、「人間究極の希望の光源」であります。

どうか、強き信心で、「生き抜く力」と、そしてまた、「喜び」と「たくましき人生」を勝ち飾《かざ》っていってください。

「カモメさん」と学会婦人部の交流も深い。

この青く輝く「母なる地球」を、核戦争の黒い灰などで汚してはならない。「地球号」という宇宙船のすべての女性が手を取り合って「平和」へ飛翔《ひしょう》していこう！

このように、彼女は呼びかけております。

日々、厳然《げんぜん》と「生命」を守り、現実の上で「平和」を推進《すいしん》しておられる天使《てんし》こそ、白樺《しらかば》会の皆さま方であります。

「創価学会で人間の生き方を学ぶ」

現在、テレシコワさんは、「国際科学文化協力センター」の所長として、活躍《かつやく》されております。

先日も、テレシコワさんは「池田SGI会長は、ロ日の友好の〝金の橋〟を建設されました。池田会長との変わらぬ友情を大切にしていきたい」とメッセージを寄《よ》せてくださいました。

また、先般《せんぱん》、私が会談したパノフ駐日ロシア大使も、「ロシアでも、人々が『人間としての生き方』を学び、人生を支え助けていく創価学会のような活動が必要だと思います」等と、大きな期待を寄せてくださっております。

モスクワ大学には、ロシアと私たちの友好を象徴する「白樺《しらかば》」の木が植樹されております。

創価の友情《ゆうじょう》の並木道は、世界中に晴れ晴れと広がっていることを誇《ほこ》りとしてください。

ともあれ、白樺会の皆さま方は、朝な夕な勤行・唱題しながら、大宇宙を旅行し、見渡していくような大境涯《きょうがい》を開いておられます。

そして、仏意仏勅《ぶっちょく》の和合《わごう》のスクラムによって、自分も、一家も、人々も、三世永遠の幸福と安穏《あんのん》の大軌道《きどう》へ導いておられます。

白樺会こそ、颯爽《さっそう》たる「創価のカモメ」です。

どうか、大宇宙に飛び立っていくロケットのごとき生命の勢いで、ますます、勝利の上昇あれ！ と祈《いの》っています。

「国民のレベル次第で決まる」

今年二月、フィリピンのラモス大統領は、独立百周年を記念する「リサール国際平和賞」の授賞式へ、第一回の受賞者である私のために駆《か》けつけてくださいました。

そして、スピーチのなかで「独立の父」リサール博士の言葉《ことば》を引いておられました。

大統領いわく、

「リサールは『国の発展は、まさしく国民ひとりひとりの発展にかかっている』と信じていました。リサールは言いました。『国民と政府は、互いにかかわりあい、補《おぎな》い合う。正義の国民がいるところに、低能な政府があることは、めったにない。政府は国民に似るし、国民は政府に似る』」

国民のレベル次第《しだい》で、全部決まる、ということであります。

ラモス大統領は、六月末に六年の任期を終えましたが、「フィリピンの国家再建の基礎を築いた」と評価《ひょうか》されております。

（授賞式で、大統領は、こうも語った。

「池田博士は、精力的な行動者であり、フィリピンの友人であり、『世界平和のチャンピオン』であられます。『人間の世紀』へ、池田博士のビジョン（展望）に学びましょう！ 博士の模範の行動に続きましょう！」と）

「家畜のように盲従していた国民」

リサール博士の言う通り、国民のレベルを変えなければ、何も変わりません。

太平洋《たいへいよう》戦争が終わったとき、日本では、一つの「流行語」がありました。

それは「だまされた」という言葉《ことば》でした。

みんなが「自分は、だまされていた」と言った。

民間人は、軍部や官僚《かんりょう》に「だまされた」と言った。

軍部や官僚は「上に（上官に）だまされた」と言った。

その「上のほう」に聞くと、さらに「もっと上のほう」から「だまされた」と言うのです。

しかし――と、ある文化人（シナリオ作家で映画監督《かんとく》の伊丹万作氏）は指《し》摘《てき》しております。

「いくらだますものがいてもだれ一人だまされるものがなかったとしたら今度のような戦争は成り立たなかったにちがいないのである」(「戦争責任者の問題」『伊丹万作エッセイ集』筑摩書房)と。

そして「だまされる」ということ自体が、すでに一つの悪であると鋭く論じている。

「あんなにも雑作なく(編注=簡単に)だまされるほど批判力を失い、思考力を失い、信念を失い、家畜《かちく》的な盲従《もうじゅう》に自己のいっさいをゆだねるようになってしまっていた国民全体の文化的無気力、無自覚、無反省、無責任などが悪の本体なのである。

このことは、過去の日本が、外国の力なしには封建《ほうけん》制度も鎖国《さこく》制度も独力で打破することができなかった事実、個人の基本的人権さえも自力でつかみ得なかった事実とまったくその本質を等しくするものである。

そして、このことはまた、同時にあのような専横と圧制を支配者にゆるした国民の奴隷《どれい》根性とも密接につながるものである。

それは少なくとも個人の尊厳の冒《ぼう》瀆《とく》、すなわち自我の放棄《ほうき》であり人間性への裏切りである。また、悪を憤《いきどお》る精神の欠如であり、道徳的無感覚である」(同)

さらに、こういう脆弱《ぜいじゃく》な国民性を真剣に反省もせず、〝自分は、だまされただけだ〞と言って、平気でいる日本人は、「おそらく今後も何度でもだまされるだろう。いや、現在でもすでに別のうそによってだまされ始めているにちがいない」(同)と喝破《かっぱ》している。

これはすなわち、国民が徹底《てってい》的な自《じ》己《こ》改造《かいぞう》をしなければ、あれほどの悲劇《ひげき》から何も学んでいないことになる、との警鐘《けいしょう》といえるでしょう。

周総理「迫害は創価学会が偉大な証拠」

広宣流布《こうせんるふ》の活動は、民衆を賢くし、民衆を社会の主人公にする運動であります。真の民主主義の運動であります。

それをよく、ご存じだったのが中国の周恩来総理です。

なお、このほど、私は、周総理の学んだ「南開大学」の名誉《めいよ》教授になることが決定しましたが、こうした栄誉《えいよ》も一切、「異体同心」の同志である皆さま方に流れ伝わっていくことを確信してください。

周総理は、「私が創価学会を重視するのは、学会が大衆から生まれ、大衆を基盤にしているからです」と言われました。

また「日本人に学会のことを尋《たず》ねると、十人のうち八、九人は悪く言う。これは創価学会が偉大な団体である証拠である」と。

民主主義の育っていない民衆蔑視《べっし》の日本では、本物の民衆運動は迫害《はくがい》されることを見抜いておられたのです。

周総理は、旧ソ連の官僚主義についても、〝どんな指導者でも、人民が(その指導者を)監督《かんとく》しなければ、誤りを避《さ》けることはできません。ソ連の大衆は、人がいいので抑《おさ》えつけられているのです〞と語っておられたといいます。

民衆が権力者を「監視」し、「監督」し、団結して行動しなければ、民主主義は死に絶《た》えてしまう。

要するに、民衆の向上こそが、一切の鍵《かぎ》なのであります。

青年部・未来部の育成《いくせい》に総力を

牧口先生は、『創価教育学体系』で、「社会・各方面の行き詰まりの根源は、ことごとく人材の欠乏に帰《き》す」と喝破《かっぱ》しておられました。

現代の混迷《こんめい》の世相《せそう》も、まったく同じといわざるを得ません。

学会は、いよいよ、青年部・未来部の育成《いくせい》に、総力をあげていきたい。

頼《たの》もしく台頭《たいとう》しゆく今の青年の勢いを、さらに倍加しながら、二十一世紀への山を走破《そうは》していきましょう。

「諸法実相抄」にいわく、「末法《まっぽう》にして妙法蓮華経の五字を弘《ひろ》めん者は男女はきらふべからず、皆地涌《みなじゆ》の菩薩《ぼさつ》の出現に非《あら》ずんば唱へがたき題目なり、日《にち》蓮《れん》一人はじめは南無妙法蓮華経と唱へしが、二人・三人・百人と次第《しだい》に唱へつたふるなり、未来も又しかるべし、是《これ》あに地涌の義に非ずや」（御書一三六〇㌻）——末法に妙法蓮華経の五字を弘める者については、男女を差別してはならない。皆、地涌の菩薩の出現でなければ、唱えがたい題目である。初めは日蓮一人が南無妙法蓮華経と唱えたが、二人、三人、百人と次第に唱え伝えてきたのである。未来もまた、そうであろう。これこそ地涌の義ではないか——

大地から涌《わ》き出るごとく、新しき逸《いつ》材《ざい》が欣喜雀躍《きんきじゃくやく》と、限《かぎ》りなく登場し、結集し、活躍《かつやく》していく。これが「地涌の義」です。

この「法華経の原理」のままに、わが学会は何ものにも左右されず、悠々《ゆうゆう》と、また堂々《どうどう》と、創価の「不滅の道」を作ってまいりましょう。

皆さま、どうか、お元気で！　おたっしゃで！

素晴《すば》らしい夏であり、素晴らしい人生であられますように。

一九九八年八月二日

「素晴らしき出会い」より

親身になってくれた中年の看護婦さん

２００１・３・４

いのちこそ宝《たから》である。

だれにとっても。

その「宝《たから》」を守る看護婦《かんごふ》（現・看護師）さんたちを、社会は、もっともっと大切にしなければならないと思う。


あれは、十六歳の夏だった。

私は、軍事教練の行進の中にいた。

昭和十九年である。

「いち、に！　いち、に！」

二百人ぐらいだろうか、それぞれ肩《かた》に木銃《もくじゅう》をかついで、多摩川《たまがわ》の土手に向かって、歩調を合わせて進んだ。

出発点は、勤《つと》めていた「新潟鉄工所《にいがたてっこうじょ》」である。東京の蒲田駅《かまたえき》の近くにあった。

行進しているのは、鉄工所にもうけられた「青年学校」の生徒である。

「いち、に！　いち、に！」

私は先頭集団《せんとうしゅうだん》のなかにいた。

猛烈《もうれつ》に暑い日だった。頭上から、真夏の太陽が、ぎらぎらと照りつける。

疲《つか》れていた。体に力が入らない。私は、肺を悪くしていた。当時、「国民病」と言われた結核である。

治療法《ちりょうほう》は、「ともかく栄養をとって、安静にし、じっと寝ていること」。しかし、戦時中のことでもあり、そんなゆとりが許されるわけもない。

働けない体の人間に対しては、「いい若いもんが、昼間っから、ごろごろしてるなんて」と、周囲の目も厳《きび》しかった。「みんなが、お国のために働いているのに！」

まして、我《わ》が家は、四人の兄が次々と兵隊に取られ、父も病身であった。幼《おさな》い妹や弟もいる。私が働かないと、家計は、どうにもならなかった。

三九度の熱を押《お》して出勤《しゅっきん》したこともあった。リンパ腺《せん》は腫《は》れ、ほおはこけた。

疲労《ひろう》が病気を悪くし、病気の進行で、ますます疲労が深刻《しんこく》になるという悪循環《あくじゅんかん》であった。

熱射《ねっしゃ》のもとで

「いち、に！　いち、に！」

熱射《ねっしゃ》のため、道路から陽炎《かげろう》が立ちのぼっていた。二時ごろだった。行進は、六郷橋《ろくごうばし》の手前まで来た。

もうろうとした目の隅《すみ》に、飛行機の付属品《ふぞくひん》を作っている工場が映《うつ》った。その瞬間《しゅんかん》、あたりがぐらりと、ゆがんだ。

倒《たお》れかけたのである。

「どうした！　どうした！」

皆《みな》が駆《か》け寄《よ》ってきた。

「大丈夫《だいじょうぶ》です。すみません」

支《ささ》えてもらって、体を立て直した。

教練が終わる夕方まで、何とかもちこたえたが、咳《せ》き込《こ》んで血痰《けったん》を吐《は》いてしまった。急いで口を押《お》さえ、紙でふきとった。

弱い体が、なさけなかったが、どうしようもない。

軍需工場《ぐんじゅこうじょう》の日々

「新潟鉄工所《にいがたてっこうじょ》」には十四歳で入ったが、その四カ月前、日本は「大東亜戦《だいとうあせん》争《そう》（アジア太平洋戦争）」を開戦していた。

鉄工所は、まもなく軍需工場《ぐんじゅこうじょう》となり、海軍から技術将校《ぎじゅつしょうこう》が派遣《はけん》されてきていた。「艦船部門《かんせんぶもん》」の一翼《いちよく》を担《にな》い、海防艦《かいぼうかん》、水雷艇《すいらいてい》、駆潜艇《くせんてい》などの部品を作ったのである。

戦局が激化《げきか》していくにしたがって、工場もどんどん拡大《かくだい》されていった。私が入ったころは二、三千人だったと思うが、最終的に、昭和二十年ごろには一万人近くの人が働いていたはずである。

所内に「青年学校」がつくられ、軍国調の教育や訓練《くんれん》が続いた。一日の半分は学習、半分は工場で労働である。

勤務《きんむ》は、朝の七時二十五分から夕方の五時まで。たしか、時給が十八銭三厘だった。

私は、だれから言われたわけではないが、始業の一時間前には出勤《しゅっきん》して、みんなの机《つくえ》や椅子《いす》を掃除《そうじ》することにしていた。

工場では、作業開始のベルと同時に、モーターの音がゴーゴーと、うなりをあげる。

機械油の焼ける臭《にお》い。

軸《じく》にはめられた「ミーリング」が、すごい勢いで回転している。それで工作物を切削《せっさく》していくのである。

耳をつんざくような金属音《きんぞくおん》とともに、鉄の削《けず》り屑《くず》がパチパチと飛び散る。鉄屑《てつくず》は熱い。目の縁《ふち》や手にくっつくと離《はな》れず、小さなやけどや切り傷《きず》は、しょっちゅうだった。

当然、空気は濁《にご》っている。病気によいはずがなかった。

時代は荒《あ》れて

工場をいつも軍人が見て回っていた。革《かわ》の袋《ふくろ》で包まれた日本刀を、カチカチと長靴《ながぐつ》に当てながら歩く。その音が、周囲に威圧感《いあつかん》を広げる。

人の気持ちも荒れていた。

指導教官《しどうきょうかん》が生徒に、上級生が下級生に、往復《おうふく》ビンタを見舞《みま》うことも日常茶飯事《にちじょうさはんじ》である。

ある日、指導員《しどういん》が、ネジの切り方に関連する方程式《ほうていしき》を説明した。黒板に書いて話すのだが、解説《かいせつ》が一方的で、よくわからない。しかし、だれも聞こうとはしなかった。私は、ちゃんと理解《りかい》したいと思って、手を挙げて質問《しつもん》した。

すると、「そんなことはわからんでいい！　生意気なことを聞くな！」と怒鳴《どな》られてしまった。

ともかく、「黙《だま》って、言うことを聞けばいいんだ！」、これが時代の雰囲《ふんい》気《き》になっていた。

全て戦争の道具

私の体は、時とともに、ひどくなった。血痰《けったん》が出る。咳《せき》が出る。いつも微《び》熱《ねつ》があり、疲《つか》れると、すぐに熱が上がる。

それでも、休もうにも休めない。「病気になるなんて、精神《せいしん》がひったるんでいる証拠《しょうこ》だ！」というのである。

世の中のスローガンも、「進め一億火の玉だ」「すべてを戦争へ」「今日も決戦、明日も決戦」と、猛々《たけだけ》しかった。

工場で作るものに、しだいに小型の特殊潜航艇《とくしゅせんこうてい》が増《ふ》えていった。いわゆる「人間魚雷《にんげんぎょらい》」である。これに乗って、敵艦《てきかん》に体当たりして沈《しず》めよというのである。

私たちには「海軍に必要な兵器なんだ」としか説明されなかったが、できたものや図面を見ていれば、何となくわかってくる。

「戦局は、ここまで来ているのか……これから、どうなるのか？」。暗然たる思いがした。

個人《こじん》の宝《たから》の生命は、国家の「道具」にすぎなかった。

工場には医師《いし》も派遣《はけん》されていたが、満足に診察《しんさつ》もしないで、「ずる休みはだめだ！」と決めつけるのである。

私は『健康相談』という雑誌《ざっし》だけを頼《たよ》りに、自分で自分の体を調節するしかなかった。

それでも、どうしようもなくて、親切な職長《しょくちょう》さんが人力車に乗せてくれて帰宅《きたく》したこともあった。

とうとう、工場から事務方《じむかた》のほうに回してもらったが、軍事教練は激《はげ》しい。二千メートルの駆《か》け足、十六貫（約六十キロ）の袋《ふくろ》を担《かつ》いで走る訓練《くんれん》。

教練では、運動の検定試験《けんていしけん》があって、それに通ると、上級、中級、初級のバッジがもらえたのだが、体力のない私は初級も取れなかった。

そして、行進の夏の日、とうとう倒《たお》れてしまったのである。

翌《よく》・昭和二十年に入ると、空襲《くうしゅう》が続いた。食糧《しょくりょう》は、ますます乏《とぼ》しくなり、学童疎開《がくどうそかい》も行われ、子どもが遊ぶ姿《すがた》を、だんだん見かけなくなった。道行く人たちからも、笑顔が消えていった。

「優《やさ》しさ」が「薬」

そんな灰色《はいいろ》のある日のことである。とくに体調が悪く、やむをえず工場の医務室《いむしつ》にお世話になった。

中に入ると、中年の看護婦《かんごふ》さんがいた。

私の様子が、あまりにも憔悴《しょうすい》しきっていたのだろう、「まあ、大変！」と、親身な声をかけてくれた。「これは……ここでは無理《むり》ね。ちゃんとした病院で診《み》てもらいましょう」

四十代半ばの小柄《こがら》な看護婦さんである。遠慮《えんりょ》する私をよそに、看護婦さんは、てきぱきと、工場を早退《そうたい》する許可《きょか》を取ってくださった。

そして、レントゲン撮影《さつえい》のため、病院まで付き添《そ》ってくださったのである。

「大丈夫《だいじょうぶ》？　若《わか》いんだから、頑張《がんば》るのよ」

「本当は、働ける体じゃないんだけど……池田さん、何とかして転地療養《てんちりょうよう》したほうがいいですよ」

道すがら、いろいろな話をして、私を元気づけようとする。

その優《やさ》しさが、何よりの薬であった。

世の中には、たくさんの病気がある。どの病気も苦しいが、一番苦しいのは「自分は、だれからも見捨《みす》てられてしまった」という意識《いしき》かもしれない。

「だれも自分のことなど思ってはくれない。どうでもいい存在《そんざい》なんだ」という思い。絶望《ぜつぼう》という暗い穴《あな》が心にできると、その穴に、人間の生命力は、どんどん吸《す》い込《こ》まれて消えてしまう。

だから、病気の人を、逆境《ぎゃっきょう》にある人を、放っておいてはいけない。忘《わす》れてはいけない。

「私は、あなたが元気になるのを、心から願っています」という思いを、たゆまず、静かに、伝え続けなければならない。

何もしないのは、「あなたのことなど、どうでもいい」というメッセージを送ることになるからだ。

戦争は死の使い、看護《かんご》は生の使い

看護婦《かんごふ》さんは、こうも言った。

「戦争っていやね。早く終わればいいのにね」

さらっとした言い方だが、それは勇気ある言葉だった。

心で思っていても、なかなか口に出せないことだった。

当時、「ひどい世の中だ」と言っただけで、「非国民」として逮捕《たいほ》された人さえいたのである。

私は、看護婦さんの一言に、女性として、人間としての真実を聞いた。

私を励《はげ》ますための言葉だったが、あるいは家族のだれかが戦地に行っておられたのかもしれない。

看護とは、身をもって「いのちを、いとおしむ」仕事である。そもそも「戦争」とは対極にある。

従軍看護婦《じゅうぐんかんごふ》として、戦地に行った方々の証言には、苦悩と怒りと人間愛の叫びが響き渡っている。[1]

——戦争は悲惨《ひさん》です。せっかく治療《ちりょう》した患者《かんじゃ》さんを、もう一度、また戦場に送るのです。治しても、治しても、また送り続けるのです。戦死するまで、それが続くのです。それなら一体、何のための看護なのか！

だから今、痛烈《つうれつ》に思います。看護婦は「いのちを守る者」として、いのちを脅《おびや》かすすべてのものと戦わなければいけません！　戦争もそう！　いじめもそう！　幼児虐待《ようじぎゃくたい》もそう！　環境破《は》壊《かい》もそうです！

「いのちこそ宝《たから》」という社会をつくる最前線に立っているのが看護婦さんなのである。

「当たり前のことだから」

私は、病院での診察《しんさつ》の結果、茨城《いばらき》の

鹿島《かしま》にあった療養所《りょうようしょ》に、二年間入るようにと医師《いし》から命じられた。「このままでは、あと何年生きられるか……二十六歳まで、もたないかもしれないよ」とも。

付き添《そ》ってくれた看護婦《かんごふ》さんに、私は何度も頭を下げた。

「いいのよ、いいのよ。当たり前のことしてるだけなんだから」

その「当たり前のこと」が、どれほど、ありがたかったか。

戦争と病気という二つの「死」に直面していた私にとって、枯《か》れ野で巡《めぐ》り合った明るい花のようだった。

「鹿島《かしま》の療養所《りょうようしょ》」行きは、ベッドに空きがなく、順番を待っているうちに敗戦となり、それどころではなくなってしまったのだが……。

ともあれ、病気の苦しみは、病気になった人でないと、わからない。

そして病気になると、人の優《やさ》しさも、ひとしお身に染《し》みるものである。

小学校四年生のころの思い出もある。

私は眼病《がんびょう》にかかってしまった。病院で手術《しゅじゅつ》ということになった。簡単《かんたん》な手術だったが、初めての経験《けいけん》であり、深《しん》刻《こく》な恐怖《きょうふ》を感じた。

その時も、看護婦さんが、実に優しく接《せっ》してくれた。

「大丈夫《だいじょうぶ》よ、大丈夫。全然、痛《いた》くないし、すぐに終わるからね」

私は、ほっとした。

その清潔《せいけつ》な、凛《りん》とした白衣の映像《えいぞう》は、今も鮮《あざ》やかに胸《むね》の底に残っている。

〝白樺《しらかば》〟の強さ

今、全国には、三万五千人を超《こ》える〝妙法《みょうほう》のナイチンゲール〟が活躍《かつやく》しておられる。私はその方々を「白樺会《しらかばかい》」「白樺グループ」と命名させていただいた。

白樺の木は、白く、優《やさ》しい姿《すがた》であって、しかも痩《や》せた土地でも生長する「強い木」である。

山火事など災害《さいがい》で荒《あ》らされて病んだ大地にも、まっ先に姿を見せ、他の植物が生い茂《しげ》られる土地に変えていく。

「苦しんでいる人のもとへ、ただちに駆《か》けつける」看護婦《かんごふ》さんのように。

「鬼《おに》！」と罵《ののし》られ

白樺《しらかば》のある友は、脳梗塞《のうこうそく》で左半身が麻痺《まひ》した婦人《ふじん》のリハビリを担当《たんとう》した。

しかし婦人は、痛《いた》さのあまり、彼女《かのじょ》を大声でののしった。

「私は歩けないって言ってるのに、よくもこんなことをさせたね。あんたは鬼《おに》だよ！」

顔が合えば、「鬼！」と、にらまれた。

白樺の乙女《おとめ》は思った。

「一番つらいのは、あの人なんだ。思うように体が動かせなくて、やり場のない怒《いか》りを、私にぶつけてるんだ」

彼女《かのじょ》は祈《いの》った。婦人《ふじん》が前向きに「生きよう」「治ろう」という気持ちになれますように。人をうらまなくてすみますように。

祈りを込《こ》めた言葉は、百万言の美辞《びじ》麗句《れいく》にまさる。

祈りを込めたまなざしは、氷柱のよ

うに凍《こお》った心も解《と》かしていける。

憎《にく》まれても、ののしられても、彼女は、つくした。

二カ月後、歩き始めた婦人は言った。

「あんたは、とっても厳《きび》しかったけど、あんたの言葉は魔法《まほう》みたいだね。あんたといる時が一番気持ちいいよ！」

見えない力

生命は機械ではない。

人間は、モノではない。

近年とくに、心理的な要素《ようそ》が病気の回復《かいふく》に大きく影響《えいきょう》することが、認識《にんしき》されてきた。

だからこそ「看護《かんご》（ケア）」の役割《やくわり》が大きい。

言葉によるケア。

笑顔《えがお》によるケア。

話を聞くケア。

病人と身近に接《せっ》し、「喜び」を引き出し、「勇気」を引き出し、「生きる力」を引き出していく。

そういう看護婦《かんごふ》（看護師《かんごし》）さんの「目に見えない」労作業が、走り続ける地下水のように、医療《いりょう》の現場を支《ささ》え、潤《うるお》しているのである。

救命救急センターで、小児科《しょうにか》・産科で、がん病棟《びょうとう》で、地域医療《ちいきいりょう》、在宅看護《ざいたくかんご》で……。

激務《げきむ》でも奮闘《ふんとう》 環境《かんきょう》の改善《かいぜん》を！

三交代などの激務。真夜中も続くナースコール。時には、傲慢《ごうまん》な医者と渡《わた》り合って、患者《かんじゃ》の「心の叫《さけ》び」を代弁《だいべん》する。

ともかく忙《いそが》しい。深夜勤務《しんやきんむ》が多く、「運動会のような毎日」。家族にも負担《ふたん》をかける。自分の子どもが病気なのに、職場《しょくば》に出かけなければならないこともある。

慢性疲労《まんせいひろう》で、若《わか》い人でさえ「ちょっとでも、ひまがあれば寝《ね》ていたいのが本音」というほどの激務である。その割《わり》には、給与《きゅうよ》も安い。

そんななかで、環境《かんきょう》のせいにしないで、優《やさ》しさをふりしぼって献身《けんしん》しておられる看護婦《かんごふ》さんたちは、本当に崇高《すうこう》である。

しかし、いつまでも、それに甘《あま》えているだけではならないと思う。

病院で看護婦・准看護婦ひとりが受け持つ患者の平均《へいきん》が、日本は、およそ二・二人（二〇〇〇年。厚生労働省の医療施設調査・病院報告による）。アメリカの四～五倍というから、ことは深刻《しんこく》である。

健康ほど大切な宝《たから》はない。

その健康を守る看護婦さんたちを、社会は、もっともっと大切にしなければならない。

まして空前の高齢化社会《こうれいかしゃかい》である。ますます、お世話になることになる。

看護婦さんを、どれだけ大事にしているか。それが「その国が、どれだけ、いのちを大事にしているか」の鮮《あざ》やかな目印ではないだろうか。

今、看護学校《かんごがっこう》への国の補助《ほじょ》も、医学生への高額《こうがく》の補助に比《くら》べると「雀《すずめ》の涙《なみだ》」「とても比較《ひかく》にならない」、「学校の存立《そんりつ》さえ厳《きび》しい状況《じょうきょう》」と言われている。

啄木《たくぼく》の歌から

胸《むね》を病んでいた若《わか》いころ、私は石川《いしかわ》啄木《たくぼく》の歌を愛誦《あいしょう》した。

結核《けっかく》の歌が多いところも、身につまされた。

「びっしょりと寝汗《ねあせ》出《で》ている／あけがたの／まだ覚めやらぬ重きかなしみ[2]」

寝汗《ねあせ》は、私もひどかった。朝、起きると、ふとんが、びっしょり濡《ぬ》れていて、しぼるほどだった。

啄木は看護婦さんのことも詠《よ》んでいる。

「脈《みゃく》をとる看護婦の手の／あたたかき日あり／つめたく堅《かた》き日もあり[3]」

それは脈をとるほうの変化で、そうなるのか。脈をとられるほうの心理からなのか。いずれにしても、病気になると、常《つね》にもまして人は敏感《びんかん》になる。

医師《いし》・看護婦《かんごふ》・患者《かんじゃ》は「平等」

「脈をとる手のふるひこそ／かなしけれ――／医者に叱《しか》られし若《わか》き看護婦！[4]」

何を叱られたのだろう、かわいそうに――啄木《たくぼく》の目は温かい。

あらゆる差別は「いのちの尊厳《そんげん》」に反する。しかし、「ある意味で、病院ほど『身分差別』が残っているところもありません」と指摘《してき》する人もいる。

「医者は看護婦よりも偉《えら》く……一番大事なはずの患者は、位《くらい》では一番下なのです」

しかし本来、医師と、すべての看護《かんご》者《しゃ》は、上下の関係ではなく、「役割分《やくわりぶん》担《たん》」の関係ではないだろうか。

あくまで「患者の立場」に立って、ともに病気と闘《たたか》う「平等のパートナー」であると私は思う。

そして「患者から学び」「看護婦から学ぶ」謙虚《けんきょ》さが、「人間的な医療《いりょう》」をもたらすのではないだろうか。

心なきエリート

人間性は、学校を出ただけでは身につかない。

幼《おさな》い子どもを亡《な》くした若い夫妻《ふさい》がいた。悲しみに沈《しず》む二人に対して、ある医師は「また産《う》めばいいじゃないですか」と言ったという。励《はげ》ましたつもりだったのかもしれないが、心ない言葉だった。

もちろん、素晴《すば》らしい医師は多い。

しかし、もしも、エリートと呼《よ》ばれる人ほど「人の心がわからない」「ひとつの生命の『かけがえのなさ』がわからない」傾向《けいこう》があるとしたら、社会にとって、こんな無惨《むざん》なことはあるまい。

あの「戦争」も、戦後の「公害」の地獄図《じごくず》も、そういう自称《じしょう》「最優秀《さいゆうしゅう》のエリート」によって推進《すいしん》されたのである。

「力の文明」から「生命の文明」へ

戦前は、個人《こじん》を抑圧《よくあつ》した「国家主義《こっかしゅぎ》」だったが、戦後は、その反動から、個人が欲望《よくぼう》のままに生きる「利己《りこ》主義」となった。

どちらも、不幸である。

どちらも、冷酷《れいこく》である。

　どちらも、思いやりある「他者へのかかわり（ケア）」とは正反対である。

「生命主義」こそ、正しき「第三の道」と私は信ずる。

　生命を手段《しゅだん》にする「力の文明」から、いのちを徹底《てってい》していとおしむ「生命の文明」へ！

　弱肉強食の「獣類時代《じゅうるいじだい》」から、人間の名に値《あたい》する「真の人類時代」へ！

　そして、「生命の世紀」をつくるのは、ほかのだれでもない、「一人の人を、とことん大切にする」私たちの日々の行動なのである。

　その先頭に看護婦《かんごふ》さんたちがいる。

命の力は不思議

　いのちの力は不可思議《ふかしぎ》である。

　多発性脳腫瘍《たはっせいのうしゅよう》が再発《さいはつ》した患者《かんじゃ》さんがいた。手術《しゅじゅつ》の後、とうとう「意識《いしき》不明瞭《ふめいりょう》」な状態《じょうたい》が続いた。だれのこともわからない。体も動かさない。痛《いた》みにも反応《はんのう》がない。

　そんな数週間の間も、白樺《しらかば》のSさんは、〝聞こえない耳〟に声をかけ続けた。

「Uさん！　手術したんだから良くなろう！　良くなって、また話をしましょう。ね！　Uさん！」

　彼女《かのじょ》は信じていた。「意識がなくても、祈《いの》りは通じる。心は通じる。生命の波動は、生命の奥《おく》に、きっと通じる」

　夜の勤務《きんむ》に行ったある日、Uさんの状態が良いと聞く。しかし、様子がおかしいようだ。昼間の看護婦《かんごふ》さんに「あんたじゃない、あんたじゃない」と、だれかを探《さが》している素振《そぶ》りだという。

　そして、Sさんが行って、体の向きを変えようと触《さわ》ったとたん、Uさんが言った。

「ああ、あんただよ。あんた……優《やさ》しくしてくれたろ」

「Uさん、私のことわかるの？　私を探してくれてたの？」〈5〉

　生命とは、何というドラマだろう！

「生命力」というのは、一番解明《いちばんかいめい》されていない「二十一世紀のフロンティア」かもしれない。

　だから、何ごとも、決めつけてはいけない。

「医学の限界《げんかい》」が、そのまま「生命の限界」ではない。「人生の限界」でもない。

「近代看護《きんだいかんご》の原点」ナイチンゲールは、人間の生命力を信じきっていた。そこに彼女《かのじょ》の秘密《ひみつ》があった。

　だから彼女がこう言ったとき、その言葉に彼女の全人生が込《こ》められていたのである。

「諦めなどという言葉は私の辞書にはない」〈6〉

　希望！

　看護婦さんの、動き続ける手に、指に、希望という大きな宝石《ほうせき》が輝《かがや》いている。

＊〈1〉木下安子編『未来へ語りつぐ　戦争と看護』桐書房、参照。〈2〉〈3〉〈4〉『啄木歌集』岩波文庫。（現代表記に改めた）。〈5〉白樺会／白樺グループ編『生命《いのち》　がんばれ！』第三文明社、参照。〈6〉セシル・ウーダム・スミス著『フロレンス・ナイチンゲールの生涯』（上）武山満智子・小南吉彦訳、現代社。

各部代表協議会より

私は輝く！　私らしく

2002・8・11

人々のために尽《つ》くす。行動する。これほど尊《とうと》い人生はない。

なかんずく、白樺会《しらかばかい》の皆《みな》さまは、〝慈愛《じあい》の看護師《かんごし》〟として、日夜《にちや》、苦《くる》しむ人々に希望の光を贈《おく》っておられる。

白樺会の方《かた》が語《かた》っておられた。

「人に励《はげ》ましを贈るのが、私たちの使命です。しかし、それぞれ、自分自身が、大きな課題《かだい》や悩《なや》みをかかえている。自分が、こんなにも大変なのに、どうやって人を励ましていったらいいのだろうと、ふと、思う時もあるのです」

本当に真剣《しんけん》な、また、正直《しょうじき》なお心である。そうやって、人のことを思って悩むこと自体が、最高に尊い悩みである。

お母さんが子どもに話すように

人を励ますといっても何か特別なことをしようと思う必要はない。平凡《へいぼん》でいい。常識的でいい。あまり複雑《ふくざつ》に考えないほうがいい。

仏法は、道理《どうり》であり、常識である。人間は、人間らしく、常識的に生きるのが正しい。それが進むべき道である。山道や坂道に迷《まよ》い込んではいけない。

ひとつも、むずかしいことを言う必要はない。お母さんが子どもに言うように話せばいいのである。

たとえば、経済苦に悩む友がいる。

「どんなにお金持ちでも、心は地獄《じごく》のような家もあります。幸福になるには『お金持ちにならなければいけない』ということはないんです。貧乏《びんぼう》であっても、そのままで、幸福な一家は、たくさんあります。大事なのは、心であり、境涯《きょうがい》なんですよ」

普段着《ふだんぎ》の気持ちで語《かた》ればいい。単純にして深《ふか》き魂《たましい》をもって、友を励ましていくことだ。できるだけ、相手が気が楽《らく》になるように。楽《たの》しく、愉快《ゆかい》に人生を生きていこうという方向へもっていけるように。仏法用語を使わなくてもいい。わかりやすい言葉で、仏法の法《ほう》理《り》を語ることである。

祈れば智慧《ちえ》が!「百万の軍師」が

悩《なや》みを乗《の》り越《こ》える根本は、題目をあげることだ。祈《いの》って祈って祈りぬくことだ。

日蓮大聖人は、御本尊を信じ、唱題《しょうだい》する人は、釈尊《しゃくそん》の修行《しゅぎょう》の因《いん》も、功徳《くどく》の果《か》も、全部、与《あた》えられると仰《おお》せである。

（「釈尊の因行果徳《いんぎょうかとく》の二法は妙法蓮華経の五字に具足《ぐそく》す我等《われら》此《こ》の五字を受持《じゅじ》すれば自然《じねん》に彼《か》の因果《いんが》の功徳を譲《ゆず》り与え給《たま》う」〈御書二四六ページ〉）

一遍《いっぺん》の題目にも、無量無辺《むりょうむへん》の大功徳がある。ゆえに、日寛上人《にちかんしょうにん》は、〝ただ御本尊を強盛《ごうじょう》に信ずる力〟と〝ただ南無妙法蓮華経と唱《とな》える行力《ぎょうりき》〟の大切さを教えられているのである。

どんな悩みも、そのまま御本尊に祈っていけばいい。すぐに結果が出ない場合もあるが、必《かなら》ずいい方向へ向かっていくことは間違《まちが》いない。

人生、思いどおりにいかないことも、たくさんあるだろう。インチキな人間や、わがままな人間に「何でこの人は……」と腹《はら》を立てたくなるときもあるかもしれない。

しかし、うまくいかないから、人の心がわかる自分になれる。悩みがあるから、人間らしい賢明《けんめい》な自分になれる。こう思って悠然《ゆうぜん》と進んでいくことだ。

愉快《ゆかい》に、生き生きと、自分らしく生きるのだ。輝《かがや》くのだ。私らしく!

一人《ひとり》、信念《しんねん》をもって、わが道を進んでいけば、必ず、友はついてくる。

そして同志《どうし》のことを祈《いの》っていくことだ。そうすれば、百万の軍師《ぐんし》に勝《まさ》る智《ち》慧《え》がわく。偉大《いだい》なる生命力がわいてくる。

仏法には、いわゆる悲愴感《ひそうかん》はない。悩んで、自分で自分を傷《きず》つけるのは、損《そん》である。どこまでも楽観《らっかん》主義で、生きて生きて生きぬいていただきたい。

牧口先生「目的なき生活は危険」

わが人生を、よりよく生きぬくためには、何が必要か。それは目的である。

何のために生きるのか。自分の人生は、どこに向かっていくのか。いちばん大事なことを、教育で教えていない。それがわからないから、大人《おとな》も、子どもたちに教えられない。

牧口先生は喝破《かっぱ》した。

「目的なき生活は夢遊病者《むゆうびょうしゃ》の盲動《もうどう》で、自他共《じたとも》に危険《きけん》である」（『牧口常三郎全集』8、第三文明社）

現代への鋭《するど》い警鐘《けいしょう》と言えよう。

「何のために生きるのか」——その正しい答えは仏法にしかない。

この偉大なる仏法を実践《じっせん》しているのが、創価学会である。

戸田先生は「折伏《しゃくぶく》は、あなた方《がた》のため、悩めるもののためである。折伏活動のさかんな地区、支部では功徳《くどく》が充満《じゅうまん》する」と語《かた》っておられた。

折伏こそ、悩める友を根本から救《すく》っていく、最《もっと》も尊《とうと》い行動である。その功徳は計《はか》り知れない。自身も、わが地域も繁栄《はんえい》と幸福の光が包《つつ》んでいくことは、御書に照《て》らして絶対に間違《まちが》いない。

学会は「幸福と平和の学校」

ロシアの文豪《ぶんごう》トルストイは言う。

「自分の使命を認識《にんしき》する人は、そうした認識その物によって、自分の価値《かち》尊厳《そんげん》をも認識する。が、自己《じこ》の使命を認識するのは、宗教的な人間だけである」（『求道読本 一日一善』下、原久一郎訳、岩波書店。現代表記に改めた）

ただ正しい信仰《しんこう》を持《たも》つ人間だけが、真《しん》の使命を知ることができる。

使命を自覚《じかく》した者は強い。何も恐《おそ》れない。自分にしかない価値を、自分の尊さを知っているからである。

学会は、広宣流布《こうせんるふ》という偉大なる使命に生きるがゆえに、恐れるものは何もない。

トルストイは、こんな言葉も残《のこ》している。

「もしも不幸な生活をしている者がいるならば、そういう場合、原因は常《つね》にただ一つ、信仰《しんこう》の欠如《けつじょ》のみである。人間の社会全体についても同様《どうよう》である」（『一日一章 人生読本』原久一郎訳、社会思想社）

本当の幸福とは、崩《くず》れざる自分自身を築《きず》くことである。その源泉《げんせん》が妙法《みょうほう》の信仰である。そのために学会の組織がある。

学会は「指導主義」である。一人《ひとり》だけでは、道をはずれる場合がある。絶対的幸福をめざして、たがいに励《はげ》ましあい、支《ささ》えあい、正しい軌道《どう》を進んでいく。学会は、いわば「幸福と平和の学校」なのである。

権威・号令《ごうれい》でなく、ただ「誠実」に！

「生命の世紀《せいき》」「女性の世紀」を照《て》らすナイチンゲールの言葉を贈《おく》りたい。

「他人を統率《とうそつ》するには、まず自分自

身を統率すること、これが第一の条件であることはいうまでもありません。自分の面倒《めんどう》もみきれないで、他人の世話のできるはずがありません。第二の条件は、自分を何かに『見せかけよう』とあがいたりはしないで、《ありたい姿《すがた》》に《ある》ように努《つと》めることでしょう」（「看護婦と見習生への書簡」湯槇ます・小玉香津子・薄井坦子・鳥海美恵子・小南吉彦訳、『ナイチンゲール著作集』3所収、現代社）

ナイチンゲールは自分自身に生きた。権威《けんい》で身を飾《かざ》ろうとせず、背伸《せの》びせず、つくろわず、「私は、こうありたい」と努力し続けた。そこに彼女の偉大《いだい》さがある。

リーダーは、第一にも、第二にも「誠実《せいじつ》」でいくことだ。横暴《おうぼう》は野蛮《やばん》である。権威や号令で、人の心はつかめない。いわんや、尊《とうと》き同志《どうし》に対しては、ひざまずいて仕《つか》える思いで尽《つ》くしていくことである。

「いつも、すみませんね」

「本当にご苦労《くろう》さまです」

そういう謙虚《けんきょ》な言葉から、本当の信頼《しんらい》は生まれていくものである。

声はラッパ！　声は防波堤！

最後に、もう一度、トルストイの言葉を紹介《しょうかい》したい。

「火が火を消《け》さないのと同じく、悪《あく》は悪を消しえない。ただ善《ぜん》のみが、悪に出会ってもこれに感染《かんせん》せずに、征服《せいふく》するのである」（『宗教論』下、中村融訳、『トルストイ全集』15、河出書房新社）

今は「言論《げんろん》の暴力《ぼうりょく》」が横行《おうこう》している時代である。善人《ぜんにん》は、黙《だま》っていてはならない。臆病《おくびょう》であってはならない。

一の暴言《ぼうげん》には十の正論《せいろん》で反撃《はんげき》することだ。反撃した分だけ「防波堤《ぼうはてい》」になる。

「声」は「進軍《しんぐん》ラッパ」である。ラッパが響《ひび》かなければ、正義の軍は進まない。走る列車《れっしゃ》は、音をたてる。音がないなら、それは止《と》まっている。

声をあげることだ。何も叫《さけ》ばないのは、前へ進んでいない証拠《しょうこ》である。断《だん》じて正義を師子吼《ししく》することだ。

随筆　新・人間革命「使命尊き〝白樺〟の友」より

生命の世紀へ　慈悲の看護の輝き

2002・10・9

「心をこめてすることのできないことは何ひとつしたくないというのがわたしの願いなのです」[1]

これは、アメリカの思想家《しそうか》エマソンの言葉である。

来《く》る日《ひ》も来る日も、治療や介護の現場で、真剣勝負《しんけんしょうぶ》で看護《かんご》にあたり、多くの人《ひと》びとに安心《あんしん》と希望《きぼう》を与え続けておられるのが、婦人部の「白樺会」、女子部の「白樺グループ」の尊《とうと》き皆様方である。

戸田先生は、生命尊重の根本精神を「大慈悲《だいじひ》」となされた。その心をもって、人びとのために働く方々を「健康博士」とも言《い》われた。

この「白樺グループ」が誕生したのは、一九六九年（昭和四十四年）の六月六日のことである。女子部の看護婦（現《げん》・看護師《し》）グループの結成《けっせい》にあたり、私が「白樺」との名称《めいしょう》を贈らせていただいた。

それは――、私は、北海道の天地を訪《おとず》れるなかで、幾《いく》たびとなく、凛《りん》としてそびえ立つ、白樺の強くして美しい姿を目にした。その清楚《せいそ》で、気品《きひん》あるたたずまいが、「白衣の天使」のイメージにぴったり符合《ふごう》していたことから、命名《めいめい》させていただいたのである。

その後、多くのメンバーが婦人部に移行したことにともなって、「婦人部白樺グループ」が発足し、一九八六年（昭和六十一年）に、各地で「白樺会」として結成されていった。

白樺は、「パイオニアツリー（先駆《せんく》樹《じゅ》）」と呼《よ》ばれる樹木《じゅもく》の一種《しゅ》で、山火事や伐採後《ばっさいご》の荒れ地でも真っ先に育つ生命力《りょく》の強い木である。さらに、後《あと》に生《は》えてくる木々《きぎ》を守る役目も果たすことから、「ナースツリー（保護《ほご》樹）」としても知られている。ある著名人は〝看護の木〟ともいわれていた。

一九七八年（昭和五十三年）の六月、北海道の函館研修道場で代表の方々と、その白樺を記念植樹したことも懐《なつ》かしい。この地には、「白樺の碑《ひ》」も、厳然と建立《こんりゅう》させていただいている。

〝現代のナイチンゲール〟と讃《たた》えられている〝白樺〟の皆様は、本部幹部会をはじめ、広宣流布に立ち向かいゆくわが学会のあらゆる行事の舞台裏《ぶたいうら》で、責任深く「救護」の戦士として活《かつ》躍《やく》してくださっている。

社会にあっては、それぞれの病院の、まことに多忙な勤務の合間《あいま》を縫《ぬ》いながら、我らの会館に駆《か》けつけて来られる方も多いと伺《うかが》っている。全同志を代表して、私は、衷心《ちゅうしん》より感謝申し上げたい。

〝白樺〟の先輩方は、常に自《みずか》らに問い続けてきた。

――偉大なる妙法を持《たも》った私たちである。急病の方が出たら、救護に献身《けんしん》するのは当然である。しかし、私たちでなければできない看護とは、使命とは何なのか……。

毎回《まいかい》の救護の責任を果たし抜《ぬ》いていくなかで、彼女たちは痛感《つうかん》していった。同志の方々が皆、健康になり、一人として具合が悪くならないこと――それが私たちの第一の願いであり、めざすべきことだ、と。

そのために、深く強く祈り抜く！　これこそ〝白樺〟の誉《ほま》れの伝統精神と受け継がれてきた。

大宇宙をも動かす生命《せいめい》の法《ほう》が妙法であり、その力を引き出す方途《ほうと》は、御本尊へのひたぶるな祈り以外にない。誰よりも生命の力を知る人が、誰よりも題目の力を信じることができるのだ。

私も、妻とともに、日々、全同志の健康と長寿《ちょうじゅ》を、真剣に御祈念《ごきねん》している。

自分も健康になり、人びとも健康にする祈りが、正しい日蓮仏法の真髄《しんずい》の姿だ。

日本、そして世界の広宣流布に雄々《おお》しく、健気《けなげ》に、生き生きと活躍してくださる「慈愛《じあい》の大芸術家」こそ、〝白樺〟の実相だ。（中略）

私の師・戸田先生は、牧口初代会長の殉教《じゅんきょう》を、「薬王菩薩の供養」と明言《めいげん》された。そして、共に投獄《とうごく》されたことを、「あなたの慈悲《じひ》の広大無辺《こうだいむへん》は、わたくしを牢獄《ろうごく》まで連れていってくださいました」と、最大に感謝された。

深き「使命」と無量の「感謝」は一体である。そして、そこに無辺《むへん》の幸福の生命へと、汝自身が輝きゆくのだ。

ともあれ、感謝の心があれば、わが使命に幸福への命《いのち》を点火《てんか》できる。また、使命に生き抜く人生は、しみじみと無量の幸福の感謝に包まれていくものだ。

この「使命」と「感謝」の人は、宿《しゅく》命《めい》の嵐を決然《けつぜん》と乗り越え、崩れざる福《ふく》徳《とく》の栄冠《えいかん》を、その頭上《ずじょう》に輝かせていくことができる。この人こそ、三世永遠の〝幸福の女王〟なのである。

「感謝」といえば、白樺グループの初代の責任者を務めた故・林栄子《はやしえいこ》さんも、この言葉が大好きであった。林さんが亡《な》くなった時には、どれほど多くの女性の方が、惜しみ、悲しみ、そして最大の敬意《けいい》をもって唱題したことか。私の胸には、今もって、その様子が深く刻まれている。

職場にあっても、広宣流布の諸行事で「救護《きゅうご》」にあたる時も、多くの後輩たちの育成に奔走《ほんそう》する時も、戦える喜びと感謝をもって、毅然《きぜん》として振る舞っておられた。

私事になるが、私の母が老衰《ろうすい》で床《とこ》についた時も、すぐに駆けつけて、手厚く看護してくださったことは、生涯忘れることはできない。

わが創価学園出身であった林さんのお嬢《じょう》さんも、今では、偉大な母を継《つ》いで看護師となっておられる。〝母娘《ははこ》一体〟の活躍の姿が、本当に麗《うるわ》しい。また、彼女のように、学園から羽《は》ばたき、〝白樺〟の一員として頑張っておられる方も多い。

日本社会の高齢化は、ますます加速し、看護も介護《かいご》もいっそう身近な、重大なものになってきた。人生を健康に生きることは、万人《ばんにん》共通の願いである。

我らの二十一世紀を「生命の世紀」へと輝かせる「健康の智慧《ちえ》」の光源《こうげん》ともいうべき存在が、白樺会、白樺グループの皆様方である。最善最極《さいぜんさいごく》の課題である生命を守り抜く、あまりに偉大な菩薩《ぼさつ》の使命に、停滞《ていたい》も終わりもない。

「昨日よりは今日、今日よりは明日と　いつも進んでゆく自分を見出すよう努《つと》めよう〈2〉」

これは、〝看護の母〟ナイチンゲールが、若き後輩たちに贈った言葉《ことば》であった。

この言葉の通りに進みゆく、「生命の世紀」のパイオニアの皆様をこそ、ナイチンゲールも最高に讃《たた》え、多くの同志《どうし》が心から感謝していることを、私は声を大にして伝えたい。

＊〈1〉『エマソン論文集』酒本雅之訳、岩波文庫。〈2〉『ナイチンゲール書簡集』浜田泰三訳、山崎書店。

海外代表協議会より

妙法は人類の大良薬

2003・3・28

本日は、神奈川、千葉、東京をはじめとする「白樺会」（婦人部の看護師《かんごし》の集い）の代表も出席してくださっている。日ごろから同志の健康を厳然《げんぜん》と守ってくださっている方々である。心から御礼《おんれい》を申し上げたい。いつも本当にありがとう！

法華経《ほけきょう》には「此《こ》の経は則《すなわ》ち為《こ》れ閻《えん》浮提《ぶだい》の人の病《やまい》の良薬《ろうやく》なり」（薬王品《やくおうほん》、法華経六〇二㌻）と説《と》かれている。

大聖人は、縁《えにし》も深き千葉の天地で戦う富木尼御前《ときあまごぜん》に対し、この法華経の一文は末法《まっぽう》の女性のための経文であると、明確に仰せになっておられる。

富木尼御前は、年老《お》いた義母《ぎぼ》のために、真心《まごころ》の看護、介護《かいご》にあたり、その慈愛《じあい》を、大聖人から深く讃嘆《さんたん》されていた女性の門下である。彼女自身、重い病気との闘《たたか》いが続いた。

そのけなげな女性へ、御本仏は力強く、「末法の女性が法華経を修行《しゅぎょう》して、定《さだ》まった寿命《じゅみょう》を転《てん》じて延《の》ばせることは、秋に稲が実り、冬に菊の花が咲くようなもので、だれが驚《おどろ》くでしょうか」（御書九八五㌻、通解）――長生きして幸福になるに決まっているのですよと最大に励《はげ》ましておられるのである。

まさしく、白樺の皆さまこそ、「全世界の人の病を治《なお》す良薬」をもって、全女性、全民衆の「健康」「長寿」「幸福」の道を開きゆかれる菩薩《ぼさつ》であり、仏に等しい方々である。

仏の境涯《きょうがい》は、「抜苦与楽《ばっくよらく》」の振る舞いとなって表れていく。

“白衣《はくい》の天使”ナイチンゲールは言った。

「いかなる分野においてもあらゆる善《よ》きことが成就《じょうじゅ》されるには必《かなら》ず絶《た》え間《ま》のない自己犠牲《じこぎせい》がある」「その生涯《しょうがい》は決して犠牲ではないのである。その生涯は最《もっと》も幸福な仕事に携《たずさ》わっているのである」（『アグネス・ジョーンズをしのんで』小玉香津子・田村真訳、『ナイチンゲール著作集』3所収、現代社）

これこそ皆さま方の崇高《すうこう》な人生の劇《げき》である。妙法《みょうほう》に生きぬく皆さまの福運は、永遠に不滅《ふめつ》である。

ナイチンゲールは、こうも語っている。

「他者《たしゃ》よりも優《すぐ》れていると思う人間は他者に仕《つか》えよ」（『看護婦と見習生への書簡』湯槇ます・小玉香津子・薄井坦子・鳥海美恵子・小南吉彦訳、同前）

広宣流布のために戦う同志に仕えていく人こそ、最も優れた偉大な指導者である。

5・3記念各部協議会より

白樺のごとく　抜苦与楽の指導者に

２００６・４・15～18

「悪から守る木」「心身を癒す木」

きょうは、いつも私どもが大変にお世話になっている、女性の看護者の「白樺会《しらかば》」「白樺グループ」の皆さまも出席されている。

「白樺」の名前は、まことに美しく、意義深い。

私は、ロシア最高峰のモスクワ大学から丁重《ていちょう》な招聘《しょうへい》を受け、一九九四年の風薫る五月、同大学を訪れた。そこで二度目の講演を行った。

講演のあと、サドーヴニチィ総長が案内してくださり、私と妻は、校内の植物園で、記念の植樹をさせていただいた。

それが、ロシアで最も愛されている「白樺」の苗木であった。

私は感謝し、総長に申し上げた。

「木を植えることは、いのちを植えることです。心の『根』と『根』を結ぶことです」と。

当時、腰の高さほどであった苗木は、うれしいことに、今や見上げるばかりの大樹と育った。

なお、たっての要請を受け、モスクワで本年、私の「自然との対話」写真展が開かれることをご報告申し上げたい。

ロシアでは、白樺は、五月になると、みずみずしい緑の葉を生い茂らせる。秋には、鮮やかな黄金色の葉に変わる。

白樺はまた、寒さや暑さに強く、荒《こう》涼《りょう》とした大地にも、たくましく根を張る「パイオニア（開拓者）の木」としても知られる。

ロシアでは、「太陽のエネルギーを蓄え、そのエネルギーを与えてくれる木」「側《そば》に立つと、心身ともに癒《いや》される木」「成長と蘇生《そせい》の象徴の木」、そして「悪から守ってくれる幸福の木」などとされ、「ロシアの心の象徴」として、親しまれている。

こうした白樺の特質は、いずれも、わが妙法の看護者の皆さま方が、日々、体現されている「抜苦与楽《ばっくよらく》」の力用《りきゆう》に通ずる。

私たちも、白樺の木のごとく、強

く、やさしく、人々の苦しみを癒し、慈愛を注ぐ存在でありたい。

「白樺会」「白樺グループ」の皆さまの献身の姿に、私も妻も、全同志を代表して、改めて感謝申し上げたい。

白樺の世紀、万歳

以前もスピーチしたが、「白樺」の皆さまにちなんで、ナイチンゲール（一八二〇～一九一〇年）の話をしたい。

ナイチンゲールの教え子たちが、それぞれの職場で活躍することによって、師の偉大さが証明されていった史実は有名である。

教え子たちは、イギリスの主要な病院や療養所の「総婦長」「婦長」などの要職に続々と就任した。

さらに、その足跡は、カナダやアメリカ、ドイツ、スウェーデン、インド、スリランカ、エジプトなど、世界各地へと広がっていった。

そうした教え子の活躍を、ナイチンゲールは、何よりも喜んだ。

たとえば、教え子の一人、レイチェル・ウィリアムズについて、こう綴《つづ》っている。

「彼女は嫉妬《しっと》・けちくささなどを超越した高貴な性格をそなえ、特記すべき知性の持ち主である。……自分を監督する立場の人たちとも、自分の監督下にある人たちとも、ひとしくすぐれた人間関係をかちえている女性がここにあるのは、たぐいまれな事例であろう」（Z・コープ著『ナイチンゲールと六人の弟子』三輪卓爾訳、医学書院）

ナイチンゲールの教え子たちを、勤め先の病院の側も非常に高く評価していた。

教え子のアリス・フィッシャーが病院を移る時、それまでの勤め先は、こう決議して彼女を送り出した。

「フィッシャー嬢が病院の婦長として在職した五年間、よく職務を遂行《すいこう》せられ、諸委員に完全な満足がゆく成果を収められた旨《むね》の証言をすることを深い喜びとするものである」（同）

うれしいことに、白樺の皆さま方も、日本中、世界中で、それぞれの職場、地域で、信頼され、感謝され、「なくてはならない人」「いてもらいたい人」として、厳然と光り輝いておられる。

「白樺会、万歳！」「白樺グループ、万歳！」「白樺の世紀、万歳！」――そう私は、声を大にして叫びたい。

和歌

白樺グループに

あの人も
またこの人も
隔《へだ》てなく
慈愛の女王の
白樺　貴く

賢《かしこ》くも
また悠然と
人々を
守り育《はぐく》む
尊き天使よ

人の世に
希望の世紀を
作らむと
菩《ぼ》薩《さつ》か　仏か
貴女《あなた》の姿は

（1993・11・14）

人間の心が
石になる時代
恐怖を転じて
皆で楽土を

白樺の
生命の天使の
白衣をば
大聖人は
包み守らむ

誰《だれ》よりも
賢く尊き
白樺は
生死《しょうじ》の博士と
使命よ　輝け

（1995・6・6）

希望と　勇気と
忍耐のある人は
最後は人生の勝利者となる

8・24記念

（1998・8・24）

白樺の
尊き生命を
守りたる
皆さま方に
幸ぞ多かれ

青春を
人のためにと
法のため
守り戦う
菩薩の姿か

大聖人
尊き使命の
皆さまを
断固と護《まも》らむ
断固と褒《ほ》めなむ

白樺グループの
皆さま方の御健康を祈ります
皆さま方の御多幸を祈ります
皆さま方の一生涯の尊き使命に
成功あれと祈ります
最大の感謝の念をこめて
合掌

（1999・11・6）

白樺会に

いついつも
白衣の姿も
凛々《りり》しけれ
生命を守らむ
尊き菩薩よ

（1988・1・1）

負けない天使に永久《とわ》に幸あれ
合掌

（1988・9・16）

大勲章
健康博士に
贈りなむ
その名　白樺
なんと尊き

あまりにも
強く優しき
人生の
偉大な博士に
幸ぞ多かれ

荒波の
人生劇場
舞台とし
菩薩の如《ごと》く
振る舞う天女は

（1999・7・20）

法華経の
薬王品の
天女たる
慈愛の白樺
三世に幸あれ

白樺会
何と安堵《あんど》の
方々か
病《や》みたる人は
仏と頼らむ

生命の
世紀を飾りし
白樺を
大聖人は
百福《ひやくふく》贈らむ

（2000・3・12）

使命ある
皆様方に
幸薫《かお》れ
その名　白樺
白衣の天使と

広宣の
戦野に凛々《りり》しき
白樺は
ナイチンゲールと
世界が讃えむ

（2002・3・23）

白樺グループ・白樺会に

偉大なる
慈悲の溢《あふ》るる
使命ある
あゝ白樺の
白衣の天使
合掌

（1992・1・1）

看護師の
凛々《りり》しき白衣の
白樺会（グループ）
生命守りし
尊き貴女《あなた》よ

尊き白樺会（グループ）万歳！
尊き白樺会（グループ）の皆様の
ご多幸を祈りつつ

（2006・2・24）

【企画・制作】
白樺グループ・白樺会「希望の白樺」編纂委員会

【取材協力】
大蔵由美

【編集ディレクション】
朝川桂子

【装丁・グラビアデザイン】
丹羽美佐代

【イラストレーション】
白髪エイコ
作原裕子

【資料提供】
聖教新聞社

希望《きぼう》の白樺《しらかば》

2006年11月18日　初版第1刷発行
2016年11月18日　初版第4刷発行

編　者　創価学会白樺《そうかがっかいしらかば》グループ・白樺会《しらかばかい》
発行者　大島光明
発行所　株式会社　第三文明社
東京都新宿区新宿1-23-5　〒160-0022
電話　03-5269-7144（営業代表）
03-5269-7145（注文専用）
03-5269-7154（編業代表）
振替口座　00150-3-117823
URL http://www.daisanbunmei.co.jp
印刷所　明和印刷株式会社／凸版印刷株式会社
製本所　明和印刷株式会社

ISBN978-4-476-06193-2